Der Vertrag mit Schutzwirkung für Dritte
Vom "Fürsorgeverhältnis" zu "gegenläufigen" Interessen

Europäische Hochschulschriften
Publications Universitaires Européennes
European University Studies

Reihe II
Rechtswissenschaft

Série II Series II
Droit
Law

Bd./Vol. 1174

PETER LANG
Frankfurt am Main · Bern · New York · Paris

AnnaZiegltrum

Der Vertrag mit Schutzwirkung für Dritte

Vom "Fürsorgeverhältnis" zu "gegenläufigen" Interessen

PETER LANG
Frankfurt am Main · Bern · New York · Paris

Die Deutsche Bibliothek- CIP-Einheitsaufnahme

Ziegltrum, Anna:

Der Vertrag mit Schutzwirkung für Dritte : vom "Fürsorgeverhältnis" zu "gegenläufigen" Interessen / Anna Ziegltrum. - Frankfurt am Main ; Bern ; New York ; Paris : Lang, 1992
(Europäische Hochschulschriften : Reihe 2, Rechtswissenschaft ; Bd. 1174)
Zugl.: Passau, Univ., Diss., 1991
ISBN 3-631-44406-0

NE: Europäische Hochschulschriften / 02

D 739
ISSN 0531-7312
ISBN 3-631-44406-0

Inhaltsverzeichnis

Abkürzungen

AcP	Archiv für die civilistische Praxis
BB	Der Betriebsberater
BGH(Z)	Bundesgerichtshof (Entscheidungen des Bundesgerichtshofs in Zivilsachen)
DB	Der Betrieb
FamRZ	Zeitschrift für das gesamte Familienrecht
JA	Juristische Arbeitsblätter
JBl	Juristische Blätter
JR	Juristische Rundschau
Jura	Juristische Ausbildung
JuS	Juristische Schulung
JW	Juristische Wochenschrift
JZ	Juristen-Zeitung
LM	Das Nachschlagewerk des Bundesgerichtshofs in Zivilsachen, herausgegeben von Lindenmaier und Möhring, zit. nach Gesetzesstelle und Entscheidungsnummer
LZ	Leipziger Zeitschrift für Deutsches Recht
MDR	Monatsschrift für Deutsches Recht
NJW	Neue Juristische Wochenschrift
NJW-RR	NJW-Rechtsprechungs-Report Zivilrecht
RG(Z)	Reichsgericht (Entscheidungen des Reichsgerichts in Zivilsachen
SchlHA	Schleswig-Holsteinische Anzeiger
VersR	Versicherungsrecht
Warneyer	Warneyer, Die Rechtsprechung des Reichsgerichts
WM	Wertpapiermitteilungen
ZHR	Zeitschrift für das gesamte Handels- und Wirtschaftsrecht
ZStW	Zeitschrift für die gesamte Staatswissenschaft

Im übrigen wurden die im juristischen Schrifttum üblichen Abkürzungen verwendet (vgl. Kirchner, Abkürzungsverzeichnis der Rechtssprache, 3. Auflage 1983)

EINLEITUNG: VERTRAG MIT SCHUTZWIRKUNG FÜR DRITTE - ZUM BEGRIFF

Bei der Geltendmachung von Schadensersatzansprüchen stehen prinzipiell zwei Normenkreise unseres Bürgerlichen Gesetzbuches zur Verfügung, aus denen eine Haftung ableitbar ist: Vertragsrecht und Deliktsrecht. Das Vertragsrecht kennt im Grundsatz nur Rechtsbeziehungen, welche auf die Beteiligten ausgerichtet sind, also die - meist zwei - Parteien betreffen. Wird ein Dritter anlässlich der Abwicklung des Vertrages geschädigt, so stehen ihm im Prinzip nur Ansprüche aus Deliktsrecht zu. Da Deliktsrecht eine rechtsgeschäftliche Bindung nicht voraussetzt, kommt praktisch jedermann in den Genuß seines Schutzes.

Dieser Vorteil einerseits, daß "Jedermann" Ansprüche aus Deliktsrecht herleiten kann, wird andererseits aufgewogen durch den bei weitem nicht so umfassenden Haftungsumfang:
Nach § 278 BGB haftet der Vertragspartner für etwaiges Verschulden seines Erfüllungsgehilfen, während eine deliktsrechtliche Haftung über § 831 BGB entfällt, wenn der Verrichtungsgehilfe sorgfältig ausgewählt wurde. Ein Anspruch gegen den Verrichtungsgehilfen selbst nützt oft wenig, weil dieser in der Regel nur ein Arbeitnehmer des allein zahlungskräftigen Unternehmers ist.

Aber auch sonst bleibt das Deliktsrecht im Haftungsumfang hinter dem Vertragsrecht zurück:
Vertragliche Schadensersatzansprüche verjähren bis auf wenige Ausnahmen gem. § 195 BGB erst in 30 Jahren, während gegenüber deliktischen Ansprüchen gem. § 852 Abs. 1 BGB bereits nach Ablauf von drei Jahren nach Kenntnis vom Schaden und von der Person des Ersatzpflichtigen der Verjährungseinwand durchgreift.

Wer aus Vertrag haftet, hat alle eingetretenen Schäden zu ersetzen, gleich ob absolute Rechtsgüter verletzt sind oder "nur" Vermögensschäden eingetreten sind. Aus Deliktsrecht wird nur bei Vorsatz oder bei Verletzung eines Schutzgesetzes auf Ersatz reiner Vermögensschäden gehaftet, §§ 823 Abs. 2, 826 BGB. Schließlich erleichtert die entsprechende Anwendung der §§ 282, 285 BGB bei positiver Vertragsverletzung dem Gläubiger den Verschuldensnachweis bei vertraglicher Haftung.

Die Rechtsprechung ist deshalb - im Bereich des sog. Vertrags mit Schutzwirkung für Dritte - immer mehr auf das Vertragsrecht ausgewichen, weil nach ihrer Meinung berechtigte Schadensersatzansprüche aus Deliktsrecht wegen der genannten Einschränkungen nicht ableitbar waren. In jahrzehntelanger Rechtsprechung hat sich so der "Vertrag mit Schutzwirkung für Dritte" (1) entwickelt, der im Unterschied zum (echten) Vertrag zugunsten Dritter dem Dritten zwar keinen eigenen vertraglichen (Haupt-)Leistungsanspruch gewährt, wohl aber sog. "Sekundäransprüche", d. h. Schadensersatzansprüche.

Nach herrschender Auffassung in Rechtsprechung und Literatur hat der anspruchsberechtigte Dritte folgende Voraussetzungen zu erfüllen:
Er muß sich in Leistungsnähe befinden, eine Pflicht des Gläubigers zu Schutz und Fürsorge für den Dritten muß bestehen, Leistungsnähe und Fürsorgepflicht müssen für den Schuldner bei Vertragsschluß vorhersehbar gewesen sein.

Wenn diese Voraussetzungen gegeben sind, hat die Rechtsprechung in der Vergangenheit überwiegend Schadensersatzansprüche Dritter aus Vertrag bejaht. Es hat sich auf diese

----

1) Begriff von Larenz, NJW 1956, 1193

Weise der Vertrag mit Schutzwirkung für Dritte als eigenständiges Rechtsinstitut herausgebildet, das zwischen Vertrag und Delikt zu stehen scheint: Einerseits entfaltet es bloße Schutzwirkung im Unterschied zum Vertrag, der in erster Linie einen Hauptleistungsanspruch gibt; andererseits wird nach einhelliger Rechtsprechung, aber auch nach überwiegender Meinung in der Literatur ein Vertrag auch hier vorausgesetzt, aus dem allein die Drittschutzwirkung ableitbar ist. Allerdings ist der geschützte Dritte nicht Vertragspartner im herkömmlichen Sinn. Daß er nach herrschender Auffassung sich in "Leistungsnähe" befinden muß, besagt schon, daß er erst im Erfüllungsstadium mit der Vertragsbeziehung anderer in Berührung kommen muß.

Da der Vertrag mit Schutzwirkung für Dritte, ein selbständiges, gesetzlich nicht geregeltes Rechtsinstitut, sein Entstehen und seine Fortentwicklung allein der Rechtsprechung verdankt, soll nachfolgend dargestellt werden, wie sich diese Entwicklung vollzogen hat.

I. DARSTELLUNG DER RECHTSPRECHUNG - CHRONOLOGISCHE ENTWICKLUNG

A. Ältere Rechtsprechung

1. Problemstellung

Im Mietvertragsrecht, um eines der häufigsten Beispiele zum Vertrag mit Schutzwirkung für Dritte herauszugreifen, ist es durchaus nicht unüblich, daß eine einzige Person, in der Regel der Ehemann und Vater, Mietvertragspartei wird, obgleich, wie der Vermieter weiß, die Wohnung in gleicher Weise durch Ehefrau und Kinder des Mieters genutzt werden soll. Da die Familienangehörigen des Mieters, obschon sie berechtigterweise in den Genuß der mietvertraglich geschuldeten Leistung kommen, nicht Gläubiger des Vermieters werden, sind sie im Grundsatz, sofern sie bei Erbringung der Vertragsleistung verletzt werden, auf deliktsrechtliche Schadensersatzansprüche gegen den Vermieter verwiesen. Durch den Vertrag mit Schutzwirkung für Dritte sollen sie hinsichtlich des Schutzes ihrer Rechtsgüter dem Gläubiger gleichgestellt werden, d. h. ebenso wie dieser in den Genuß vertraglicher Schadensersatzansprüche kommen.

Eine solche teilweise Gleichstellung gewisser Dritter mit dem Gläubiger hielt man keineswegs schon immer für möglich. In einer am 04.10.1911 ergangenen Entscheidung hatte das Reichsgericht über Schadensersatzansprüche eines Mieters zu entscheiden, dessen Ehefrau infolge Mangels der Mietsache eine Körperverletzung erlitten hatte (1). Die Entscheidung ist nicht bei den typischen Drittschutzfällen

----

1) RGZ 77, 99

einzuordnen, da dort nicht die verletzte Ehefrau klagte, sondern der Mieter selbst. Von Interesse ist das Urteil hier aber, soweit darin bereits rechtliche Ausführungen zum Drittschutz gemacht wurden. Das Gericht führt hierzu aus: "Es ergibt sich aus der Natur des Vertragsverhältnisses, daß aus demselben nur die in ihren Vertragsrechten verletzte Vertragspartei einen Schadensersatzanspruch gegen ihren Vertragsgegner ableiten kann, und daß eine dritte Person, die nicht Vertragspartei ist, Ansprüche wegen Verletzung des Vertrags nur kraft besonderer Ausnahmebestimmung hat." (1)

Damit ist klargestellt, daß nach Auffassung des Gerichts die Bestimmungen des Bürgerlichen Gesetzbuches zum Vertragsrecht ausschließlich demjenigen zugute kommen können, der Vertragspartner geworden ist. Nicht einmal die Ehefrau des Mieters, die in gleicher Weise die Mietwohnung mit benutzt, kann die teilweise günstigeren Vertragsbestimmungen für sich in Anspruch nehmen.

In einer im Jahre 1914 ergangenen Entscheidung zur Arzthaftung setzte sich das Reichsgericht mit vertraglichen Drittansprüchen zwar auseinander, verneinte jedoch Schadensersatzansprüche eines minderjährigen Kindes aus dem vom Vater abgeschlossenen Arztbehandlungsvertrag mit der Begründung: "In dem zwischen Arzt und Vater geschlossenen Vertrage ist das Kind nur der Dritte, an dem sich die dem Vater geschuldete Vertragsleistung des Arztes vollziehen soll... Daraus folgt weiter, daß dem Kinde gegenüber, für das allein ein immaterieller Schaden in Betracht kommt der Beklagte nur eine unerlaubte Handlung, nicht auch zugleich eine Vertragswidrigkeit begangen hat" (2).

----

1) RGZ 77, 99

2) RGZ 85, 183

Aus der Bewertung der Lebensverhältnisse, wonach nicht das in der Regel vermögenslose Kind, sondern der Vater Schuldner der Behandlungskosten sein sollte, schloß das Reichsgericht, daß dieser Vertragspartei geworden sei und nicht das Kind, so daß letzterem keine vertraglichen Schadensersatzansprüche zustehen könnten. Allerdings bleibt anzumerken, daß dem Kind letztlich ein deliktsrechtlicher Schadensersatzanspruch gegen den behandelnden Arzt zugesprochen wurde.

Dabei wäre es für den Sorgeberechtigten ein leichtes gewesen, ausdrücklich als gesetzlicher Vertreter des Kindes aufzutreten, d. h. also, den Behandlungsvertrag im Namen des Kindes zu schließen. Um sich bei der vom Reichsgericht eingewandten regelmäßigen Vermögenslosigkeit (1) eines minderjährigen Kindes abzusichern, hätte der behandelnde Arzt beispielsweise einen Schuldbeitritt der Eltern bei Vertragsabschluß fordern können.
Ähnlich liegt es im Mietvertragsrecht. Sofern die Ehefrau den Mietvertrag mit unterzeichnet, stehen ihr zweifelsohne vertragliche Schadensersatzansprüche gegen den Vermieter zu.

Noch während das Reichsgericht die oben zitierte Grundsatzhaltung beibehielt, vollzog sich in der Rechtsprechung der Oberlandesgerichte, zunächst auf dem Gebiet des Beförderungsrechts, eine grundlegende Wende.

----

1) RGZ 85, 183

2. Die obergerichtliche Rechtsprechung mit drittschützender Wirkung

2.1. Fallgruppen

a) Beförderungsverträge

Bereits kurze Zeit nach Inkrafttreten des Bürgerlichen Gesetzbuches, und zwar im Jahr 1907, sprach das Oberlandesgericht Hamburg Vereinsmitgliedern vertragliche Schadensersatzansprüche gegen den Dienstherrn des Kutschers zu, obgleich das Gefährt von einem anderen Mitglied zur gemeinsamen Ausfahrt bestellt worden war. Als gesetzliche Grundlage wurden die §§ 278, 328 BGB genannt (1).

Im Jahre 1913 hat das Oberlandesgericht Colmar entschieden: "Wer eingeladene Gäste mittels Kraftfahrzeugs heimbefördern läßt, welches er zu diesem Zweck bei einem Fuhrunternehmer bestellt hat, schließt den Transportvertrag zugunsten der Gäste; aus ihm werden letztere nach § 328 BGB unmittelbar gegen den Fuhrunternehmer berechtigt. Werden sie auf der Fahrt durch Verschulden des Lenkers verletzt, so haben sie nach § 278 BGB gegen dessen Dienstherrn einen vertraglichen Schadensersatzanspruch, dessen sich letzterer nicht nach § 831 BGB erwehren kann" (2).

Erstmals im Jahre 1915 bestätigte das Reichsgericht (3) die oberlandesgerichtlich eingeleitete Wende der Rechtsprechung. Es sprach der in einer Droschke mitfahrenden Ehefrau und auch der Tochter aus dem vom Ehemann und Familienvater abgeschlossenen Beförderungsvertrag Schadensersatzansprüche zu

----

1) OLG Hamburg, Das Recht 1907, Nr. 3469
2) OLG Colmar, Das Recht 1914, Nr. 327
3) RGZ 87, 64

mit der Begründung, der Besteller (Vertragspartner des Droschkenführers) habe den Beförderungsvertrag "gleichzeitig zugunsten seiner mitfahrenden Frau und Tochter abgeschlossen, so daß diese als "Dritte gem. § 328 BGB unmittelbar das Recht erworben haben, die Leistung, d. h. die ordnungsmäßige und ungefährdete Beförderung zu verlangen". Das Reichsgericht weiter: "Danach unterliegt es keinem Bedenken, wenn das Berufungsgericht angenommen hat, daß die Beklagte zu 1) (Halterin der Droschke) allen drei Fahrgästen aus dem Beförderungsvertrag haftbar war und somit diesen für ein Verschulden des Beklagten zu 2) (Droschkenfahrer), als ihres Erfüllungsgehilfen, gem. § 278 BGB aufzukommen hat".

Einige Jahre später, im Jahre 1923 bestätigte das Reichsgericht die vorerwähnte Rechtsprechung bei ähnlicher Sachlage im "Schiffsanlegefall": Ein vierjähriges Kind wurde auf einem Schiff durch Verschulden des Schiffsanlegers verletzt. Es befand sich in Begleitung seiner Eltern auf dem Schiff, die den Beförderungsvertrag abgeschlossen hatten. Das Reichsgericht führte aus, auf die Exkulpationspflicht des Schiffseigners komme es nicht an, denn "der Beförderungsvertrag ist zwar nicht von der Klägerin persönlich, aber für dieselbe gem. § 328 BGB geschlossen worden, so daß der Klägerin gegenüber eine unmittelbare Vertragshaftung des Beklagten als Beförderungsunternehmer bestand" (1).

Es zeigt sich, daß in den dargestellten Entscheidungen deliktische Schadensersatzansprüche Dritter ausnahmslos an der Exkulpationsmöglichkeit des dem Schädiger übergeordneten Dienstherrn gem. § 831 BGB scheiterten. Die erwähnte Rechtsprechung stützte Ansprüche Dritter einheitlich auf § 328 BGB, und gelangte bei Annahme vertraglicher Haftung

----

1) RG, Das Recht 1924, Nr. 161

zur Anwendung des § 278 BGB. Danach haftet der Vertragspartei gewordene Inhaber eines Beförderungsbetriebes für ein Verschulden seines Erfüllungsgehilfen, beispielsweise des bei ihm angestellten Lenkers der Droschke, selbst. Zunächst führten vor allem diese Beweggründe zur Ausweitung der Rechtsprechung mit drittschützender Wirkung auf weitere Vertragsverhältnisse.

b) Heilbehandlungsverträge

Im Jahre 1915 hatte das Reichsgericht darüber zu entscheiden, ob dem fehlbehandelten Patienten vertragliche Schadensersatzansprüche gegen den Krankenhausträger zustanden. Dies war streitig, weil der Krankenbehandlungsvertrag nicht zwischen Patient und Krankenhaus, sondern zwischen der Ortskrankenkasse des Patienten und dem Krankenhaus geschlossen worden war; die Aufnahmebestimmungen des Krankenhauses ließen die unmittelbare Annahme eines Vertragsverhältnisses zwischen Patient und Krankenhaus nicht zu.
Das Reichsgericht bejahte eine vertragliche Haftung unter Anwendung von § 278 BGB wegen Verschuldens des angestellten Krankenhauspersonals und führte aus: "...ist zuzugeben, daß nicht bei jedem Vertrag, der die Fürsorge für einen Dritten bezweckt, den Vertragschließenden ohne weiteres die Absicht zu unterstellen ist, unmittelbare Rechte des Dritten gegen den Vertragsgenossen des Versprechensempfängers zu begründen... Da sich die öffentlich-rechtliche Verpflichtung der Kasse gegenüber den Versicherten in der Gewährung von Krankenhilfe erschöpft und sich auf deren Durchführung nicht mit erstreckt, so kann die Erfüllung dieser Verpflichtung nicht als der eigentliche oder wenigstens nicht als der alleinige Zweck gelten, der mit der Einweisung und Aufnahme eines Kassenmitglieds in ein Krankenhaus verbunden wird. Vielmehr ist als der einzige oder als zweiter gleichwertiger Zweck der Vertragsschließung mit der Krankenhausverwaltung die

Beschaffung einer sachgemäßen Krankenbehandlung für den Versicherten und folgeweise auch dessen Sicherstellung gegen falsche Maßnahmen des Krankenhauspersonals anzusehen, welche die Genesung hindern oder erschweren. Dieser alleinige oder weitere Zweck ist nur dadurch zu erreichen, daß der Dritte durch den Vertrag zwischen der Kasse und dem Krankenhausunternehmer ein eigenes Recht auf ordnungsmäßige Krankenhausbehandlung erlangt." Es folgen sodann Ausführungen zur Anwendung von § 278 BGB und der möglichen Exkulpation des Krankenhausunternehmers über § 831 BGB bei deliktischer Haftung.

Das Reichsgericht weiter: "Bei dieser Sach- und Rechtslage fordert der Zweck der Verträge zwischen den Krankenkassen und Krankenanstalten geradezu gebieterisch die Auslegung in dem Sinne, daß den unterzubringenden Versicherten ein Rechtsanspruch auf die nach den Erfahrungen der ärztlichen Wissenschaft gebotene Behandlung zustehen soll. Ob sich die Beteiligten bei der Eingehung des Vertrags dieser Tragweite ihrer Vereinbarungen bewußt geworden sind, ist unerheblich. Dem Vertragszweck im Sinne von § 328 Abs. 2 BGB ist die Bedeutung eines objektiven Maßstabs für die Ermittlung des Vertragsinhalts beizumessen, so daß alle Verabredungen als vom Vertragswillen umfaßt gelten müssen, welche die Parteien getroffen haben würden, wenn sie sich die aus dem Zwecke zu entnehmenden Verpflichtungen vergegenwärtigt hätten. Die auslegungsweise Ergänzung des Parteiwillens mit Hilfe des Vertragszwecks ist ebenso unbedenklich wie die durch § 157 BGB gebotene Feststellung desjenigen Vertragsinhalts, über den sich die Parteien nicht besonders geeinigt haben, aber verständigt haben würden, wenn sie sich dessen, was aus dem Grundsatze von Treu und Glauben folgt, bewußt gewesen wären. Der Vertragszweck kann zwar als Anhalt für die Beantwortung der Frage, ob einem Dritten durch den Abschluß eines Vertrags ein Recht auf vertragliche Leistungen eingeräumt werden soll, nur benutzt werden, wenn der Zweck für beide Vertragschließende erkennbar war. Daran ist jedoch bei

Verträgen der in Frage stehenden Art im Hinblick auf den innigen Zusammenhang des Zwecks mit der allgemein bekannten Aufgabe der öffentlichen Krankenversicherung nicht zu zweifeln." (1)

Bald darauf behandelte das Reichsgericht erneut die Frage, ob das minderjährige Kind aus dem von seinen Eltern abgeschlossenen Behandlungsvertrag nur deliktische, oder aber vertragliche Schadensersatzansprüche herleiten könne. Wie oben (2) bereits ausgeführt, glaubte das Reichsgericht noch im Jahre 1914, dem Kind könnten bei dieser Sachlage vertragliche Ersatzansprüche gegen den Arzt nicht zustehen (3). Ein anderer Zivilsenat des Reichsgerichts äußerte sich bereits vier Jahre später zu dieser Problematik, obgleich der beklagte Zahnarzt nach Meinung des Reichsgerichts den Exkulpationsbeweis i. S. d. § 831 BGB ohnehin nicht erbracht habe und deswegen schon nach Deliktsrecht hafte. Das Gericht ließ aber durchblicken, daß - sofern nicht ohnehin deliktische Ansprüche gegeben seien - eine unmittelbare vertragliche Haftung des Zahnarztes gegenüber dem Kind, das selbst nicht Vertragspartner geworden ist, keineswegs ausgeschlossen erschiene (4).

Dabei glaubte der entscheidende Senat Parallelen zu erkennen zu dem zugunsten Dritter entschiedenen Droschkenfall des Reichsgerichts (5) und einer drittbegünstigenden

----

1) RG, Warneyer 1915, S. 306 Nr. 203

2) Vgl. S. 12 f.

3) RGZ 85, 183

4) RG, Warneyer 1918, S. 171 Nr. 113

5) RGZ 87, 64

Entscheidung auf dem Gebiet des Mietrechts (1), durch die eine völlige Abkehr von der früheren Grundsatzhaltung (2) eintrat.

c) Mietverträge

Im Jahre 1917 sprach das Reichsgericht der Tochter eines Mieters, die unstreitig nicht Vertragspartei war, eigene vertragliche Ansprüche auf Ersatz der Heilbehandlungskosten gegen den Vermieter zu, weil sie sich in der mit Tuberkelbazillen verseuchten Mietwohnung angesteckt hatte (3).
Das Reichsgericht führte wörtlich aus: "Dem Mieter einer Familienwohnung muß, wenn nicht besondere Umstände eine abweichende Auffassung bedingen, die für den Vermieter erkennbare Absicht unterstellt werden, beim Abschlusse des Mietvertrags auch die Interessen der mit ihm zusammenlebenden Angehörigen nach Möglichkeit wahrzunehmen und zu diesem Zwecke ihnen hinsichtlich der gefahrenfreien Beschaffenheit der Wohnräume dieselben Rechte gegen den Vermieter zu verschaffen, die ihm selbst zustehen (§ 328 BGB). Denn ohne eine solche Ausdehnung der Vertragspflichten des Vermieters sind die Angehörigen in Schädigungsfällen auf außervertragliche Ansprüche beschränkt und genießen insbesondere nicht die Vorteile, welche dem Mieter die Vorschriften der §§ 278, 538 BGB dadurch bieten, daß der Vermieter für einen beim Vertragsabschluß vorhandenen Mangel auch ohne Verschulden haftet. Eine solche verschiedene Gestaltung der Rechtslage des Mieters und der seiner Angehörigen widerstrebt dem gesunden Rechtsgefühl und entspricht deshalb

----

1) RGZ 91, 21
2) RGZ 77, 99
3) RGZ 91, 21

nicht den Vertragsabsichten des Mieters, der seine Angehörigen, wie sich der Vermieter nicht verhehlen kann, in bezug auf Ersatzansprüche der bezeichneten Art nicht schlechter stellen will als sich selbst." (1)

Vier Jahre später bestätigte der III. Zivilsenat des Reichsgerichts seine eigene, gerade zuvor geschilderte Rechtsprechung durch die ebenfalls für die Klägerseite positive Entscheidung in einem vergleichbaren Fall unter ausdrücklicher Bezugnahme auf sein eigenes früheres Urteil:
Das Reichsgericht hatte zu entscheiden, ob die Ehefrau des Mieters (die selbst nicht Vertragspartei geworden war) vertragliche Schadensersatzansprüche gegen den Vermieter daraus herleiten könne, daß sie durch Verschulden des vom Vermieter beauftragten selbständigen Klempnermeisters eine Gasvergiftung in der Mietwohnung erlitten hatte. Der Senat führte aus: "Es (das Reichsgericht) nimmt in Übereinstimmung mit der Rechtsprechung des erkennenden Senats (vgl. RGZ Bd. 91 S. 24) an, daß der von dem Ehemann der Klägerin geschlossene Mietvertrag zugleich auch zugunsten der Klägerin gem. § 328 BGB geschlossen sei und daß deshalb der Klägerin bei einer Verletzung der vertraglichen Sorgfaltspflicht seitens der Vermieter ein unmittelbarer Vertragsanspruch aus §§ 536, 538 BGB gegen diese zustehe." (2)
Die Haftung des Vermieters für das Verschulden des selbständigen Klempnermeisters ergibt sich nach Meinung des Reichsgerichts aus § 278 BGB. "Insoweit sind daher die Bauhandwerker, denen der Vermieter den Umbau überträgt, seine Erfüllungsgehilfen i. S. d. § 278 BGB gegenüber allen Mietern, deren Räume durch den Umbau gefährdet werden können." (3)

----

1) RGZ 91, 21 (24)
2) RGZ 102, 231
3) AaO. S. 234

Als Besonderheit des Falles ist zu erwähnen, daß die fehlerhafte Handwerksleistung nicht in der Wohnung der Klägerin, sondern in der darunter liegenden ausgeführt worden war, jedoch das ausströmende Gas durch die Decke in die darüber liegende Mietwohnung gedrungen war. Das Reichsgericht hat damit erstmals entschieden, daß der Vermieter bei allen Arbeiten an einem Mietshaus für Verletzungen der Mieter und ihrer Angehörigen nach §§ 536, 538 BGB haftet.

Eine besondere Variation zum Mietvertragsrecht stellt der sog. "Saalmietefall" des Reichsgerichts dar:
Ein Gastwirt hatte im Jahre 1936 seinen Saal mit Bühne einem SA-Sturm für die Veranstaltung eines "Deutschen Abends" zur Verfügung gestellt. Ein Schausteller verletzte sich durch Hinabfallen aus einer nicht gesicherten Türöffnung, während die außen zum Herabsteigen dienende, wegnehmbare Holztreppe fehlte. Unstreitig hatte der Schausteller selbst nicht mit dem Gastwirt zwecks Überlassung des Saales und der Bühne verhandelt. Trotzdem bejahte das Reichsgericht eine vertragliche Haftung des Gastwirts gegenüber dem Schausteller unter Berufung auf § 328 BGB und führte zur Begründung aus: "Daß die entsprechenden Ansprüche jeder an der Veranstaltung teilnehmenden Person unmittelbar zustehen, entspricht dem Wesen dieses Vertrages." (1)
Die Entscheidung erscheint insbesondere deshalb erwähnenswert, weil sie belegt, daß die Größe des Personenkreises kein Hindernis war, Drittschutz zu gewähren.

----

1) RGZ 160, 153

d) Dienstvertrag

Wie bereits anhand der Rechtsprechung zu den Heilbehandlungsverträgen (1) aufgezeigt wurde, hat das Reichsgericht § 328 BGB auch auf Dienstverträge angewandt. Um eine arbeitsvertragliche Variante des Dienstvertrags handelte es sich in folgendem Fall:
Eine Feldarbeiterin hatte ihre Kinder zur Arbeit mitgebracht, da diese sonst ohne Aufsicht gewesen währen. Das Mitbringen der Kinder hatte die Arbeitgeberin ausdrücklich gestattet, da andernfalls die Arbeiterin den Dienstvertrag nicht eingegangen wäre. Sie kam nur unter der ausdrücklichen Zusage, ihre Kinder mitnehmen zu dürfen. Eines der Kinder geriet in die Erntemaschine und wurde verletzt. Das Reichsgericht bejahte eine vertragliche Haftung der Arbeitgeberin und führte aus:
"In solchen Fällen wird man aber nach allgemeinen Lebenserfahrungen und nach der Verkehrsauffassung davon auszugehen haben, daß eine jede Mutter nicht nur von ihrer Aufsichtspflicht in einer Weise, die ihr gestattet, im Gefühl der Geborgenheit ihrer Kinder möglichst ruhig und ungestört zu arbeiten, entlastet werden, sondern auch - dem Arbeitgeber erkennbar - in weitgehendster Wahrnehmung der Interessen ihrer Kinder sie in die Lage versetzen will, bei etwaiger Verletzung der dem Dienstherrn übertragenen Fürsorgepflicht und dadurch veranlaßten Gesundheitsschädigungen ihn unmittelbar verantwortlich zu machen, oder anders ausgedrückt, daß sie zu deren Gunsten ein Vertragsverhältnis i. S. d. § 328 BGB einzugehen beabsichtigt." (2)

Da auch für das verletzte Kind der Landarbeiterin Dienstvertragsrecht hinsichtlich seiner Schadensersatzansprüche

----

1) Vgl. o. S. 18
2) RG, JW 1919, S. 820 Nr. 1

gelten sollte, ließ sich eine Fürsorgepflicht der Arbeitgeberin aus § 618 BGB ableiten. Die Fürsorgepflicht des Dienstherrn war vom Reichsgericht auch schon in dem sog. "Tuberkelbazillenfall" (1) mit als Haftungsgrundlage herangezogen worden, da es sich in dem erwähnten Fall um eine Dienstwohnung handelte, so daß mietvertragliche (§§ 536, 538 BGB) und dienstvertragliche (§ 618 BGB) Schutzvorschriften zusammentrafen.

Einem Vertrag besonderer Art, einem Mischvertrag, zusammengesetzt aus kaufvertraglicher, benutzungsvertraglicher und dienstvertraglicher Komponente, ist nachfolgender "Kreissägenfall" (2) des Reichsgerichts zuzuordnen:
Der Kläger kaufte für seinen Vorgesetzten Holz ein und bearbeitete es an einer Kreissäge des Beklagten, wobei er sich verletzte. Der Vorgesetzte hatte vereinbart, daß sein Untergebener die Maschinen des Beklagten in dessen Werkstatt gegen Gebühr benutzen dürfe. Am ersten Tag wurde der Kläger von einem angestellten Schreiner des Beklagten angeleitet. Dieser unterließ es fahrlässigerweise, bei der Arbeit den Spaltkeil einzusetzen, durch dessen Fehlen der Kläger an mehreren Fingern zu Schaden kam. Das Oberlandesgericht als Vorinstanz hatte Schadensersatzansprüche mit der Begründung abgelehnt, vertragliche Beziehungen hätten nur zwischen dem Vorgesetzten und dem Beklagten bestanden. Demnach komme lediglich eine Haftung des Beklagten aus unerlaubter Handlung in Frage. Für das schuldhafte Handeln des angestellten Schreiners (der den Kläger angeleitet hatte) habe er aber nicht einzustehen, weil dieser unstreitig ein zuverlässiger und tüchtiger Gehilfe gewesen sei (§ 831 BGB).

----

1) RGZ 91, 21; vgl. o. S. 19 f.
2) RG, JW 1919, S. 820 Nr. 1

Das Reichsgericht führte demgegenüber aus: "...es frage sich, ob nicht insoweit ein Vertrag zugunsten des Klägers nach § 328 BGB geschlossen sei, als der Beklagte verpflichtet sein sollte, ihm die Maschinen zur Verfügung zu stellen und sie mit ordnungsmäßigen Schutzvorrichtungen zu versehen... Es fragt sich, ob ihre Abmachung (die der Vertragschließenden) dem Kläger als Dritten auch das Recht verschaffen sollte, die Leistung vom Beklagten zu fordern. Das kann stillschweigend vereinbart sein... Schon jetzt liegt aber zutage, daß der Zweck des Vertrags, falls dieser den Beklagten zur Darbietung seiner Maschinen in gefahrlosem Zustand verpflichtete, insofern lediglich dem Kläger zugutekommen sollte, der allein im Betriebe des Beklagten zu tun hatte. Der Vertragszweck hat...i. S. d. § 328 Abs. 2 BGB die Bedeutung eines objektiven Maßstabs für die Ermittlung des Vertragsinhalts, so daß alle Verabredungen als vom Vertragswillen umfaßt gelten müssen, welche die Vertragschließenden getroffen haben würden, wenn sie sich die aus dem Zwecke zu entnehmenden Verpflichtungen vergegenwärtigt hätten. Dabei erscheint eine Ergänzung des Parteiwillens durch Vertragsauslegung nach § 157 BGB durchaus zulässig. So angesehen deuten also die Umstände des Falles,...i. S. d. § 328 Abs. 2 BGB auf eine dem Kläger günstige Entscheidung. Eine solche würde in der Richtung der neueren Rechtsprechung des Reichsgerichts liegen." (1)

Der angestellte Schreiner des Beklagten hatte bei der Anleitung, wie die Kreissäge zu benutzen sei, es versäumt, auf den Einsatz des Spaltkeils hinzuweisen. Haftungsgrund wurde sonach eine Verletzung des dienstvertraglichen Pflichtenkreises, da die Anleitung zur richtigen Benutzung der Maschine zugleich mit Vertragsbestandteil war.

----

1) RG, JW 1919, S. 820 Nr. 1

e) Werkvertrag

Auf dem Gebiet des Werkvertragsrechts ergab sich nachfolgender Sachverhalt, der ebenfalls zur Anwendung drittschützender Grundsätze führte, bekannt geworden als sog. "Gasometerfall":
Die beklagte Installationsfirma war von einer Witwe mit der Verlegung der Gasuhr in deren Wohnung beauftragt worden. Einem Arbeitnehmer der Firma unterlief bei der Ausführung der Installationsarbeiten ein Fehler, wodurch Gas ausströmte und sich entzündete. Dadurch wurde die bei der Witwe angestellte Zugehfrau verletzt. Sie verklagte die Installationsfirma.
Das Reichsgericht gab der Arbeitnehmerin recht. Sie habe einen eigenen vertraglichen Schadensersatzanspruch aus dem Werkvertrag mit der Installationsfirma, da die Dienstherrin ihrer Zugehfrau nach § 618 BGB fürsorgepflichtig sei und deshalb bezwecken wollte, nicht nur sich, sondern auch ihre Arbeitnehmer gegen Gefahren aus fehlerhafter Ausführung des Werkvertrages abzusichern. Zu dieser Annahme gelange man durch ergänzende Vertragsauslegung gem. § 157 BGB (1).

2.2. Rechtsgrundlage und Abgrenzungsmerkmale

a) Rechtsgrundlage

Anhand der beispielhaft dargestellten Rechtsprechung läßt sich folgende Entwicklung aufzeigen:
Das Reichsgericht stützte seine Entscheidungen ausnahmslos auf § 328 BGB.

----

1) RGZ 127, 218

In den sog. "Beförderungsfällen" hat das Reichsgericht (1), und vor ihm schon das Oberlandesgericht Colmar (2) den Drittanspruch auf "§ 328 BGB unmittelbar" gestützt. In seiner ersten diesbezüglichen Entscheidung führte das Reichsgericht aus, die mitfahrende Frau und Tochter hätten als Dritte gar "das Recht erworben, die Leistung, d. h. die ordnungsmäßige und ungefährdete Beförderung zu verlangen" (3). In dem Fall, dem die Verletzung eines vierjährigen Kindes durch Verschulden des Schiffsanlegers zugrunde lag, heißt es, der Beförderungsvertrag sei zwar nicht von der Klägerin persönlich, aber "für dieselbe gem. § 328 BGB" geschlossen worden (4). Auf dem Gebiet der Beförderungsverträge ging die Rechtsprechung also davon aus, daß ein Vertrag zugunsten Dritter vorliege, also der Dritte einen eigenen Anspruch auf "die Leistung" (5) erworben habe, wobei das Reichsgericht in seiner ersten diesbezüglichen Entscheidung letztlich nicht eindeutig herausstellt, ob es damit ein Forderungsrecht bezüglich der Hauptleistung selbst, oder "nur" ein solches hinsichtlich evtl. Schadensersatzansprüche meint, da es "die Leistung" definiert als "die ordnungsmäßige und ungefährdete Beförderung" (6). Nun liegt es in der Eigenart der Beförderungsfälle, daß in der Regel der Beförderungsvertrag unmittelbar vor Fahrtantritt geschlossen wird und durch die Anwesenheit der zusteigenden Reisegäste das von der Rechtsprechung behauptete Interesse des Bestellers an der Unversehrtheit seiner Reisebegleiter dem Fahrer ohne weiteres einleuchtend erscheinen muß.

----

1) RGZ 87, 64; vgl. o. S. 14 f.

2) Das Recht 1914 Nr. 327; vgl. o. S. 14

3) RGZ 87, 64

4) RG, Das Recht 1924 Nr. 161; vgl. o. S. 15

5) So RGZ 87, 64

6) AaO.

Bei anderen Fallgruppen werden Probleme sichtbar, einen "Drittschutzwillen" des Vertragsgläubigers, beispielsweise des Mieters, für Dritte festzustellen. Das Reichsgericht meinte auf dem Gebiet des Mietrechts, dem Mieter einer Familienwohnung müsse "die für den Vermieter erkennbare Absicht unterstellt werden, beim Abschlusse des Mietvertrags auch die Interessen der mit ihm zusammenlebenden Angehörigen nach Möglichkeit wahrzunehmen" (1). Rechtsgrundlage sollte sonach eine stillschweigende Vereinbarung der Parteien sein, die ggf. durch Auslegung der Willenserklärungen zu ermitteln sei, sofern der rechtsgeschäftliche Wille nicht eindeutig zutage tritt. Wenn das Gericht etwas "unterstellen" mußte, fehlte wohl eine eindeutige Willensäußerung der Vertragsparteien.
Im sog. "Gasvergiftungsfall" (2) nahm das Reichsgericht auf seine vorerwähnte Entscheidung nur noch ausdrücklich Bezug, ohne der dortigen Begründung irgendetwas hinzuzufügen, woraus zu schließen ist, daß ihm die Rechtsgrundlage nahezu gleichgültig war.

Eine weitere Begründungsmöglichkeit eines Parteiwillens mit Drittschutzabsichten sah das Reichsgericht darin, den "Vertragszweck i. S. v. § 328 Abs. 2 BGB mit der Bedeutung eines objektiven Maßstabs für die Ermittlung des Vertragsinhalts" (3) festzustellen, und einen im Hinblick darauf nicht eindeutig zum Ausdruck kommenden Parteiwillen durch Vertragsauslegung nach § 157 BGB zu ergänzen, wie es zur Haftung des Krankenhauses gegenüber dem fehlbehandelten Patienten trotz Vertragsschluß durch die Ortskrankenkasse ausführte (4).

----

1) RGZ 91, 21 (24)
2) RGZ 102, 231
3) RG, Warneyer 1915, S. 306 (308) Nr. 203
4) AaO.

Mit dem "Vertragszweck" unter Hinweis auf § 328 Abs. 2 BGB und § 157 BGB hat das Reichsgericht Drittansprüche auch im sog. "Kreissägenfall" (1) begründet.

b) Abgrenzungsmerkmale und geschützter Personenkreis

Nach der Rechtsprechung des Reichsgerichts wurden folgenden Personengruppen Drittansprüche zuerkannt:
Angehörigen, wie Ehefrau und Kindern (2), Arbeitnehmern des Gläubigers (3), aber auch größeren Personenkreisen, z. B. allen Besuchern einer Veranstaltung, wie im sog. "Saalmietefall" (4) entschieden.

Zur Einbeziehung der genannten Personengruppen gelangte das Reichsgericht mit folgender Begründung:
Im "Tuberkelbazillenfall" (5) führte das Reichsgericht aus, der Mieter wolle seine Angehörigen in bezug auf Ersatzansprüche nicht schlechter stellen als sich selbst.
Der Dienstherr hat nach Meinung des Reichsgerichts ein Interesse daran, daß seine Arbeitnehmer unversehrt bleiben, da er diesen selbst nach § 618 BGB fürsorgepflichtig sei, worauf u. a. im sog. "Gasometerfall" (6) hingewiesen wurde.
Im sog. "Saalmietefall" (7) hat das Reichsgericht die Einbeziehung aller Veranstaltungsteilnehmer in den

----

1) RGZ 98, 210; vgl. o. S. 23 f.
2) Vgl. z. B. RGZ 91, 21; RGZ 102, 231; RG, JW 1919, S. 820 Nr. 1; RGZ 87, 64; RG, Das Recht 1924, Nr. 161; RG, Warneyer 1915, S. 306 Nr. 203
3) RGZ 127, 218
4) RGZ 160, 153
5) RGZ 91, 21; vgl. o. S. 19 f.
6) RGZ 127, 218
7) RGZ 160, 153

geschützten Personenkreis mit dem "Wesen" eines solchen Gastvertrages (1) begründet.

Die Rechtsprechung des Reichsgerichts zu den Beförderungsfällen, Heilbehandlungsverträgen und zum Mietrecht kann als im Kern gefestigt bezeichnet werden. Sie wurde vom Bundesgerichtshof bestätigt und unter Übernahme der Grundsätze des Reichsgerichts auf vergleichbare Sachverhalte angewandt. Darüber hinaus hat der Bundesgerichtshof, ab dem Jahre 1965, die bisherigen Tatbestandsvoraussetzungen hinsichtlich Personenkreis und geschützter Rechtsgüter als nicht mehr verbindlich für alle Fälle angesehen. In der Rechtsprechung des Bundesgerichtshofs werden zwei Fallgruppen erkennbar, die sich grundlegend, vor allem auch in der Begründung, unterscheiden. Deshalb wird im folgenden nach einerseits "herkömmlichen Sachverhalten", also Sachverhalten in Fortführung der reichsgerichtlichen Rechtsprechung, betreffend vor allem den Schutz von Angehörigen und sonst dem Gläubiger nahestehenden Personen, und andererseits solchen Fällen unterschieden, in denen eine persönliche Bindung des Gläubigers zu dem Dritten auch im entferntesten nicht erkennbar ist.

----

1) RGZ 160, 153 (155)

B. Die Rechtsprechung des Bundesgerichtshofs zum "Vertrag mit Schutzwirkung für Dritte"

1. Herkömmliche Sachverhalte

a) Fortführung der reichsgerichtlichen Rechtsprechung

Der Bundesgerichtshof hatte sich schon bald, im Jahre 1951, mit Ansprüchen eines Ehemannes auseinanderzusetzen, der sich im Krankenhaus auf dem Weg zu seiner dort untergebrachten Frau verletzt hatte (1). Vertragliche Schadensersatzansprüche gegen den Krankenhausträger wurden abgelehnt, da die Verpflichtung zur Gewährung eines ungefährdeten Zugangs gegenüber Besuchern keine vertragliche sei. Der Senat wies aber gleichzeitig darauf hin, daß er grundsätzlich der reichsgerichtlichen Rechtsprechung nicht ablehnend gegenüberstehe, wonach Angehörige oder sonst dem Vertragsgläubiger nahestehende Dritte vertragliche Schadensersatzansprüche gegen den Schuldner erlangen können.

Durch Urteil vom 21.09.1955 wurden den Betriebsangehörigen eines Unternehmers, der mit einer Strafanstalt einen Vertrag über die Beschäftigung von Gefangenen abgeschlossen hatte, aus dieser Vertragsbeziehung eigene Schadensersatzansprüche bei Verletzung durch Gefangene zugesprochen (2). Durch Urteil vom 08.05.1956 hat der Bundesgerichtshof den Familienangehörigen des Bauherrn, die Haus und Hof benutzen, eigene vertragliche Schadensersatzansprüche gegen den Bauunternehmer zugesprochen, der neben dem Hofraum eines Hauses eine Mauer für die zum Haus gehörende Garage zu errichten hatte (3).

----

1) BGHZ 2, 94
2) BGH, VersR 1955, 740
3) VersR 1956, 500

Ebenfalls im Jahre 1956 hatte sich der Bundesgerichtshof mit der Frage zu befassen, ob der Lieferant einer nicht betriebssicheren Antriebsscheibe für eine Dreschmaschine denjenigen Personen vertraglich hafte, welche der Eigentümer der Dreschmaschine zu ihrer Bedienung heranzieht: Einem Landwirt war eine infolge Fehlens einer zweiten Stellschraube nicht betriebssichere Antriebsscheibe für eine Dreschmaschine geliefert worden. Die mit der Antriebsscheibe versehene Dreschmaschine wurde nicht von dem belieferten Landwirt persönlich, sondern von einem Erntehelfer bedient, der bei dem Landwirt nicht fest angestellt war. Das Berufungsgericht hatte angenommen, daß der Erntehelfer, welcher durch die fehlerhaft gelieferte Antriebsscheibe verletzt wurde, eigene vertragliche Schadensersatzansprüche aus dem Lieferungsvertrag herleiten könne, da der Landwirt ihm gegenüber nach § 618 BGB fürsorgepflichtig sei. Demgegenüber lehnte der Bundesgerichtshof eine vertragliche Haftung des Lieferanten der Antriebsscheibe ab, da der verletzte Erntehelfer von dem Landwirt nicht ständig mit der Bedienung der Dreschmaschine betraut war (1); andernfalls komme "ein so großer und nicht zu übersehender Kreis von Menschen in Betracht, daß beim Fehlen einer ausdrücklichen Vereinbarung nicht ohne weiteres angenommen werden kann, der Unternehmer habe sich einer Inanspruchnahme durch eine so große und unbegrenzte Anzahl von Personen aussetzen wollen" (2).

Der Bundesgerichtshof wies aber ausdrücklich darauf hin, daß grundsätzlich in dem Vertrag auf Lieferung einer betriebssicheren Antriebsscheibe für eine Dreschmaschine ein Vertrag auch zugunsten der Personen liegen könne, die der Eigentümer der Dreschmaschine ständig zu ihrer Bedienung

----

1) BGH, NJW 1956, 1193

2) AaO. S. 1194

heranzieht (1). Dies zeigt, daß der Bundesgerichtshof die Rechtsprechung des Reichsgerichts aufgegriffen und zunächst innerhalb der von diesem abgesteckten Grenzen weitergeführt hat.

Wie im "Dreschmaschinenfall" (2) hatte der Bundesgerichtshof sich auch im folgenden, sog. "Capuzolfall" (3) mit der Einbeziehung von Arbeitnehmern in den Kreis drittgeschützter Personen aus einem Kauf- bzw. Liefervertrag zu befassen:
Einer Arbeiterin, die im Betrieb als Packerin beschäftigt war, wurden vom Bundesgerichtshof vertragliche Schadensersatzansprüche gegen den Lieferanten eines Rostschutzmittels, welches im Betrieb von Kollegen verarbeitet wurde, zugesprochen. Im Gegensatz zu den bisherigen Lieferungen war erstmals ein brennbares Rostschutzmittel geliefert worden, jedoch ohne Hinweis auf die mit der Benutzung verbundene Brandgefahr. Als das Rostschutzmittel in einem Raum, in dem offenes Feuer brannte, auf den Erdboden verschüttet wurde, entzündete es sich plötzlich und geriet explosionsartig in Brand. Dabei erlitt eine Packerin, die mit der Verarbeitung des Rostschutzmittels nicht betraut war, erhebliche Brandwunden.
Nach Meinung des Bundesgerichtshofs sei die Packerin ebenso wie der Arbeitgeber und Besteller des Rostschutzmittels den Gefahren ausgesetzt gewesen, die sich aus dem Umgang mit dem brennbaren Rostschutzmittel ergaben. Der Bundesgerichtshof verwies hier erstmals auf vertragliche Sorgfalts- und Schutzpflichten gegenüber Dritten und führte wörtlich aus:

----

1) BGH, NJW 1956, 1193 (1194)
2) AaO. S. 1193
3) BGH, NJW 1959, 1676 = VersR 1959, 645

"Es handelt sich hier um einen der Fälle, in denen dritte Personen in den Schutz des Vertrages einzubeziehen sind, weil die vertragliche Sorgfalts- und Schutzpflicht nach Treu und Glauben und dem Zweck des Vertrages nicht nur dem Vertragsgegner, sondern auch bestimmten weiteren Personen gegenüber zu beachten ist" (1).
Zum zweiten wird im "Capuzolfall" erstmals unter Bezugnahme auf eine Anmerkung von Larenz zum "Dreschmaschinenfall" (2) darauf hingewiesen, es handle sich in solchen Fällen nicht um einen eigentlichen Vertrag zugunsten Dritter, da der Schuldner nicht verpflichtet sei, an den Dritten zu leisten, wie § 328 BGB es voraussetzt (3). Larenz hatte in seiner Stellungnahme zum "Dreschmaschinenfall" den Begriff vom "Vertrag mit Schutzwirkungen zugunsten bestimmter Dritter" geprägt, der seitdem allgemein übernommen wurde.

b) Vertrag mit Schutzwirkung für Dritte verhilft zur Einrede

Ging es in den bisher geschilderten Fällen allein um die Frage, ob der geschädigte Dritte eigene vertragliche Ersatzansprüche aus dem fremden Schuldverhältnis herleiten könne, so stellte sich in neuen Zusammenhängen bald die Frage, ob der begünstigte Dritte sich nicht umgekehrt dann auch den Einwand von Mitverschulden, Verjährung oder Freizeichnung durch den Schuldner entgegenhalten lassen müsse. Dem Bundesgerichtshof stellte sich das Problem, ob, wer die Vergünstigungen eines Vertrages in Anspruch nehmen könne, nicht gleichzeitig auch den Beschränkungen aus dem fremden Vertragsverhältnis unterliege.

----

1) BGH, VersR 1959, 645 (646)
2) Larenz, NJW 1956, 1193
3) BGH, VersR 1959, 645 (647)

aa) Mitverschulden

Mit dem Mitverschuldenseinwand im Rahmen des Vertrags mit Schutzwirkung für Dritte hatte sich der Bundesgerichtshof im Jahre 1959, und kurz darauf nochmals, im sog. "Werkshallenfall", im Jahre 1960, auseinanderzusetzen:

In der früheren Entscheidung ging es um folgenden Sachverhalt: Ein minderjähriges Kind des Mieters war auf der Baustelle im Vorgarten des Mietshauses in den von dem beklagten Bauunternehmer ausgehobenen und nicht abgesicherten Revisionsschacht gefallen und verletzte sich. Der Bauunternehmer führte die Arbeiten im Auftrag des Vermieters aus. Während des Unfalls befand sich die Mutter des damals 2 3/4 Jahre alten Kindes in der Küche der im Erdgeschoß gelegenen Wohnung, von wo sich das Kind in einem unbewachten Augenblick entfernt hatte.
Die drei Instanzgerichte, welche mit dem Fall befaßt waren, stellten sich im Kernpunkt die Frage, ob das Kind sich das Verschulden seines gesetzlichen Vertreters (d. h. seiner aufsichtspflichtigen Mutter) nach §§ 254, 278 BGB zurechnen lassen müsse. Diese Frage sei dann zu bejahen, wenn zwischen dem klagenden Kind und dem beklagten Bauunternehmer schuldrechtliche oder schuldrechtsähnliche Beziehungen bestünden. Solche Beziehungen können aber nach Meinung des Bundesgerichtshofs daraus abgeleitet werden, daß das Kind, ohne selbst Vertragspartner zu sein, in den Schutz eines zwischen dem Bauunternehmer und dem Vermieter geschlossenen Werkvertrages einbezogen ist (1). Nachdem die Vorinstanz, das Oberlandesgericht Düsseldorf, eine Sachverhaltswürdigung im Hinblick auf vertragliche Beziehungen unterlassen hatte, führte die Revision zur Aufhebung und Zurückverweisung.

----

1) BGH, VersR 1959, 1009

Der als "Werkshallenfall" (1) bekannt gewordenen Entscheidung lag folgender Sachverhalt zugrunde:
In einer Werkshalle lösten sich von der gerade neu errichteten Decke zwei Spannbetonplatten und trafen zwei dort beschäftigte Männer, von denen einer tödlich, der andere schwer verletzt wurde. Der Bundesgerichtshof hatte zu prüfen, ob der Bauunternehmer, welcher die Decke errichtet hatte, den verletzten Arbeitnehmern aus dem Werkvertrag mit dem Eigentümer des Stahlwerks hafte.
Der Senat bestätigte die von der Vorinstanz, dem Oberlandesgericht Köln, geäußerte Auffassung: Der zwischen dem Bauunternehmer und dem Stahlwerk geschlossene Werkvertrag habe als Nebenpflicht zum Inhalt gehabt, daß dem Vertragsgegner durch die Anfertigung des Werks kein Schaden erwachse. Diese Verpflichtung obliege dem Bauunternehmer im Rahmen des § 618 Abs. 1 BGB auch gegenüber den Werksangehörigen der Bestellerin (2).

Der Senat wies darauf hin, daß der Kreis begünstigter Dritter begrenzt und übersehbar sein müßte, meinte aber, das sei hier der Fall gewesen: "Die beiden Verunglückten gehörten zu den Arbeitern und Angestellten, die in der von der Beklagten eingedeckten Werkshalle ständig tätig waren. Es handelte sich dabei um eine zahlenmäßig beschränkte und räumlich zusammengefaßte Gemeinschaft, für die den Arbeitgeber nach § 618 BGB eine besondere, sich auf die Herrichtung des Arbeitsraumes beziehende Fürsorgepflicht traf. Nur diesen Kreis hat das Berufungsgericht in den Schutzbereich des Werkvertrags einbezogen, nicht jedoch, wie in der Revisionsbegründung gesagt wird, die gesamte, aus mehreren tausend Personen bestehende Belegschaft des Gußstahlwerks." (3)

----

1) BGHZ 33, 247
2) AaO. S. 248 f.
3) AaO. S. 249

Außerdem hatte der Bundesgerichtshof noch zu prüfen, ob in einem solchen Fall der geschädigte Dritte sich ein Mitverschulden des Vertragspartners des Schädigers gem. § 254 BGB zurechnen lassen müsse. Dies sei bisher nur für den Fall entschieden und bejaht worden, daß der Vertragspartner gesetzlicher Vertreter oder Erfüllungsgehilfe des Geschädigten war. "Wie bei jedem Vertrag zugunsten eines Dritten leitet auch bei einem Vertrag der hier vorliegenden Art der geschützte Dritte seine Rechte gegen den Schädiger nur aus den Vertragsbeziehungen der unmittelbaren Vertragspartner her. Dann ist es aber auch folgerichtig, daß ihm keine größeren Rechte zustehen als dem unmittelbaren Vertragspartner des Schädigers." (1) Die Einbeziehung des Dritten in den geschützen Vertragsbereich bringe es mit sich, daß dieser mit der Erweiterung des Rechtsschutzes auch die damit verbundenen Rechtsnachteile in Kauf nehmen müsse (2).

bb) Freizeichnung

Um einerseits Gewährung von Drittschutzansprüchen, andererseits Teilnahme des Dritten an Einschränkungen aus dem drittschützenden Vertrag handelt es sich auch bei nachfolgendem Fall, den der Bundesgerichtshof im Jahre 1971 (3) zu entscheiden hatte:

Der Kläger, Inhaber eines Stahlbaubetriebes, führte Schlosserarbeiten als Subunternehmer am Bau der Beklagten aus und benutzte hierfür das von dem Malermeister der Beklagten aufgebaute Gerüst. Während der Schlosserarbeiten brach das

----

1) BGHZ 33, 247 (250)

2) AaO.

3) BGHZ 56, 269

Gerüst und der Kläger sowie weitere Arbeiter stürzten ab und erlitten erhebliche Verletzungen.
Da der überwiegende Teil der geltend gemachten deliktsrechtlichen Ansprüche bereits nach § 852 BGB verjährt war, prüfte das Gericht, ob die Ersatzansprüche des Klägers aus dem Vertrag zwischen der Beklagten und der von dieser beauftragten Baufirma mit Schutzwirkung zugunsten des Subunternehmers begründet seien.

Einerseits, so wurde ausgeführt, bestand zwischen der Baufirma und dem Bauherrn nur ein "normaler Werkvertrag ohne personenrechtlichen Einschlag", zum anderen hatte die Beklagte ihre Haftung nach ihren Geschäftsbedingungen ausgeschlossen mit der Freizeichnungsklausel:

> "... Die Benutzung unsererseits zur Verfügung gestellter Hilfsmittel und Arbeitsgeräte erfolgt zu Lasten und auf Gefahr des Auftragnehmers."

Der Senat entschied nicht abschließend, ob der Kläger zu dem geschützten Personenkreis zu rechnen sei, d. h. ob ein "personenrechtlicher Einschlag" im bisher verlangten Sinne gegeben sei, da jedenfalls die Freizeichnungsklausel Ansprüche des Dritten ausschließe. Die Vertragsparteien, also die Beklagte und die Baufirma, seien jedenfalls nicht willens gewesen, dem Kläger als dem Subunternehmer weitergehende vertragliche Rechte einzuräumen, als sie der Hauptunternehmer selbst haben sollte. Damit habe eine wirksame Freizeichnung auch gegenüber dem Dritten zu gelten. "Da sich beim Vertrag mit Schutzwirkung zugunsten Dritter deren Rechte aus dem zwischen dem Gläubiger und dem Schuldner geschlossenen Vertrage herleiten, können sie grundsätzlich nicht weitergehen, als die Rechte des Gläubigers als des Vertragspartners des Schädigers." (1)

----

1) BGHZ 56, 269 (272)

cc) Verjährung

Bei den nachfolgend dargestellten Entscheidungen geht es nicht um die Gewährung von Drittschutzansprüchen aus einem fremden Vertragsverhältnis, sondern um die Frage, ob sich ein Dritter gegenüber einem Anspruch aus unerlaubter Handlung mit der Einrede der Verjährung aus einem fremden Miet- oder Leihvertrag verteidigen kann:

Der Bundesgerichtshof hatte im Jahre 1968 folgenden Sachverhalt zu beurteilen: Der Kläger überließ seinen Kleinbus dem Omnibusunternehmer B. Dieser beauftragte einen Dritten, den Beklagten, der öfters Fahrten für B. durchführte, mit dem Fahrzeug Arbeiter abzuholen. Auf der Fahrt dorthin kam der Beklagte von der Straße ab und verunglückte. Der Kleinbus erlitt wirtschaftlichen Totalschaden. Der Kläger hat mit der erst zwei Jahre nach Rückgabe des Fahrzeugwracks erhobenen Klage Ersatz seines Schadens begehrt.

Die Ersatzansprüche des Verleihers gegenüber dem Entleiher auf Ersatz wegen Beschädigung der verliehenen Sache verjähren gem. § 606 BGB in sechs Monaten. Der Bundesgerichtshof hatte zu prüfen, ob der Dritte, selbst nicht Entleiher, ebenfalls diese Verjährungseinrede geltend machen könne; wenn nicht, dann wäre der Verleiher (oder auch der Vermieter, vgl. § 558 BGB) zufällig dann besser gestellt, wenn die Leihsache nicht von dem Entleiher, sondern von dessen Hilfsperson beschädigt wird. Obgleich der Verleiher zumindest damit gerechnet hat, daß der Bus nicht von B. selbst, sondern von einem Dritten gefahren wurde, wäre dieser Dritte in die Vergünstigungen des Leihvertrags, z. B. Haftungserleichterung gem. § 599 BGB und kurze Verjährung gem. § 606 BGB nicht einbezogen.

Der Bundesgerichtshof entschied daher, daß dem Beklagten als Fahrer des Kleinbusses die Haftungserleichterung des Leihvertrages zugute kommen solle. Der Dritte solle keine schlechtere Rechtsposition haben als der Entleiher selbst. Jedenfalls sei dies dann gerechtfertigt, wenn der von der Hilfsperson verursachte Schaden im Endergebnis von dem Entleiher oder Mieter getragen werden müsse, weil die Hilfsperson von diesem aus den zwischen ihnen bestehenden Rechtsbeziehungen Freistellung von den Ansprüchen verlangen könnte, die der Vermieter oder Verleiher gegen die Hilfsperson geltend macht. "Wäre nämlich in einem solchen Falle die Hilfsperson zur Zahlung an den Vermieter oder Verleiher verpflichtet, ohne die Verjährungseinrede aus den §§ 558, 606 BGB erheben zu können, so würde das dazu führen, daß der Mieter oder Entleiher praktisch seinem Vertragspartner Zahlung leisten müßte, obwohl Mieter und Entleiher bei unmittelbarer Inanspruchnahme sich auf die Verjährung berufen könnten." (1)

In Ergänzung des vorerwähnten Urteils hat der gleiche Zivilsenat des Bundesgerichtshofs etwa fünf Jahre später entschieden, daß es bei dem Durchgriff des Verjährungseinwandes nicht darauf ankomme, ob der Dritte von dem Mieter oder Entleiher Freistellung von den Ansprüchen des Vermieters oder Verleihers fordern könne (2):
Der Eigentümer eines Verkaufswagens zum Feilhalten von Speisen und Getränken hatte eine Grundstücksfläche vor dem Haus des B. angemietet, auf welcher er den Verkaufswagen abstellte. In dem Wagen befanden sich zwei Propangasflaschen, an die mehrere Küchengeräte und zwei Leuchten angeschlossen waren. Eines Tages entstand durch ausströmendes Propangas

----

1) BGHZ 49, 278 (281)
2) BGHZ 61, 227

eine Explosion, die den Wagen zerstörte. Am Haus des Vermieters entstanden erhebliche Beschädigungen. Erst ca. zwei Jahre später klagte der Vermieter sowohl gegen den Eigentümer des Verkaufswagens, den Mieter, als auch gegen dessen angestellten Verkäufer.

Der Bundesgerichtshof hatte zu prüfen, ob beide Beklagte, und zwar insbesondere auch der beim Mieter angestellte Verkäufer, sich auf den kurzen Verjährungseinwand des § 558 BGB berufen konnten. In Ergänzung der vorerwähnten Entscheidung (1) führte der Senat aus, es sei "nicht einzusehen, warum dem Dritten zwar das Recht zustehen soll, vom Vermieter Schadensersatz zu verlangen, daß er aber für den Fall, daß er den Vermieter schädigt, nicht wie der Mieter sich auf die kurze Verjährung soll berufen können. Die Zubilligung des Schadensersatzanspruches des Dritten beruht letzten Endes auf dem Gedanken, daß es mit der Gerechtigkeit nicht vereinbar wäre, dem Dritten, der bestimmungsgemäß die Mietsache gebraucht und durch sie oder in ihr zu Schaden kommt, einen vertraglichen Ersatzanspruch zu versagen, der dem Mieter ohne weiteres zusteht. Dann aber kann es ebensowenig Rechtens sein, der Hilfsperson des Mieters, die vertragsgemäß mit ihm oder an seiner Stelle den Mietgebrauch ausübt und dabei Schäden verursacht, die Berufung auf § 558 BGB zu versagen." (2)

----

1) BGHZ 49, 278

2) BGHZ 61, 227 (233 f.)

c) Rechtsgrundlage und Tatbestandsvoraussetzungen

aa) Rechtsgrundlage

Der Bundesgerichtshof nahm zunächst, wie das Reichsgericht, als Rechtsgrundlage vertraglicher Drittansprüche einen Vertrag zugunsten Dritter an. Ein solcher könne durch stillschweigende Vereinbarung (1) geschlossen sein, oder der Drittersatzanspruch könne "auf einer gem. den §§ 133, 157 BGB vorgenommenen ergänzenden Auslegung des Vertrages, den der Schuldner mit dem Gläubiger geschlossen hat" (2) beruhen.

Gegen die Rechtsprechung des Reichsgerichts wandte sich Larenz (3) mit dem Einwand, es handle sich in diesen Fällen "nicht um den in § 328 BGB geregelten Vertrag auf Leistung an einen Dritten, sondern um einen Vertrag mit Schutzwirkungen zugunsten bestimmter Dritter" (4). Dies sei eine neue, im Gesetz nicht geregelte, sondern erst von der Rechtsprechung geschaffene Rechtsfigur, auf welche die §§ 328 ff. BGB allenfalls entsprechend anwendbar seien. Die Annahme einer stillschweigenden Vereinbarung durch das Reichsgericht sei nichts anderes als Fiktion, tatsächlich beruhe der "Vertrag mit Schutzwirkung für Dritte" auf ergänzender Vertragsauslegung (5).

----

1) Wie der BGH im sog. "Dreschmaschinenfall", NJW 1956, 1193 (1194) meinte
2) BGHZ 56, 269 (273)
3) NJW 1956, 1193 (Anm. zum "Dreschmaschinenfall" des BGH, ebenfalls NJW 1956, 1193)
4) AaO.
5) AaO.

Der Bundesgerichtshof hat daraufhin im "Capuzolfall" (1) den Begriff vom "Vertrag mit Schutzwirkung zugunsten Dritter" unter ausdrücklicher Bezugnahme auf die Ausführungen von Larenz (2) übernommen und den § 328 BGB als Rechtsgrundlage für Drittberechtigungen aufgegeben (3). Allerdings findet sich schon in einer früheren Entscheidung aus dem Jahre 1956 (4) ein Hinweis des Bundesgerichtshofs auf eine nur "entsprechende Anwendung des § 328 BGB", also auf § 328 BGB analog.

In den folgenden Entscheidungen zeigt die Rechtsprechung des Bundesgerichtshofs eine gewisse Unsicherheit hinsichtlich der Rechtsgrundlage, die sich in wechselnden Begründungen äußert. Die "stillschweigende Vereinbarung" (5), von Larenz (6) als "Willensfiktion" abgelehnt, mußte zunächst entsprechend seinem Hinweis (7) der ergänzenden Vertragsauslegung, § 157 BGB (8), weichen. Schon bald wurde der Vertrag mit Schutzwirkung für Dritte mit der "Fortbildung des gesetzten Rechts" (9), also einer richterlichen Rechtsfortbildung, begründet. Noch in einer Entscheidung aus dem Jahre 1971 (10) läßt der Bundesgerichtshof letztlich unentschieden, ob der ergänzenden Vertragsauslegung, oder aber einer

----

1) BGH, VersR 1959, 645
2) NJW 1956, 1193
3) BGH, VersR 1959, 645 (647)
4) BGH, VersR 1956, 500 (535); vgl. oben S. 30
5) Wie noch im "Dreschmaschinenfall", BGH NJW 1956, 1193 angenommen
6) NJW 1956, 1193
7) AaO.
8) Z. B. BGHZ 56, 269 (273)
9) BGHZ 49, 278 (279)
10) BGHZ 56, 269

richterlichen Rechtsfortbildung auf der Grundlage des § 242 BGB der Vorzug zu geben sei. Daran zeigt sich, daß dem Bundesgerichtshof, wie vor ihm schon dem Reichsgericht, die Rechtsgrundlage mehr oder weniger gleichgültig war.

bb) Geschützter Personenkreis

Im "Dreschmaschinenfall" (1) hat der Bundesgerichtshof darauf hingewiesen, daß der in Frage kommende Personenkreis nicht zu groß und nicht zu unübersehbar werden dürfe. Nicht jedem, der aus einer Sorgfaltsverletzung des Schuldners Schaden erleidet, könne man einen vertraglichen Ersatzanspruch geben.

Im "Capuzolfall" führte der Bundesgerichtshof aus, es seien in der Regel solche Personen in den vertraglichen Schutz mit einzubeziehen, "die durch den Gläubiger mit der Leistung des anderen Vertragsteils in Berührung kommen und deren Ergehen den Gläubiger selbst berührt, weil er seinerseits ihnen gegenüber zu Schutz und Fürsorge verpflichtet ist, wie der Vater gegenüber den Angehörigen der Familie und wie der Unternehmer gegenüber seinen Arbeitnehmern" (2). Der Gläubiger habe, dem Schuldner erkennbar, ein Interesse an der Unversehrtheit der Rechtsgüter dieser Personen, weil er für deren "Wohl und Wehe" mit verantwortlich sei. Im übrigen handle es sich dabei um einen begrenzten, übersehbaren Personenkreis (3). In seiner Entscheidung zum Mitverschuldenseinwand gegenüber dem Kind des Mieters meinte der Bundesgerichtshof in Fortführung der reichsgerichtlichen

----

1) BGH, NJW 1956, 1193 (1194)
2) BGH, VersR 1959, 645 (647)
3) AaO.

Rechtsprechung, daß nicht nur den Vater gegenüber den Familienangehörigen und den Unternehmer gegenüber seinen Arbeitnehmern, sondern auch den Hauseigentümer gegenüber seinen Mietern eine besondere Verantwortlichkeit treffe (1).

In den wenigsten Fällen haben Reichsgericht oder Bundesgerichtshof in zumindest dieser Deutlichkeit wie zuvor zitiert den Personenkreis umschrieben, der Drittschutz genießen soll. In einer Gesamtschau wird aber deutlich, daß folgende Abgrenzungsmerkmale, wenn nicht ausdrücklich erwähnt, so doch vorausgesetzt wurden:

1. Vorhersehbarkeit einer Dritthaftung für den Schuldner,
2. Fürsorgepflicht des Gläubigers gegenüber dem Dritten (wie der Vater gegenüber seinen Familienangehörigen, der Unternehmer gegenüber seinen Arbeitnehmern, der Vermieter gegenüber den Mietern),
3. Leistungsberührung des Dritten durch die Beziehung zum Gläubiger, von der Literatur später als Merkmal der "Leistungsnähe" herausgearbeitet.

----

1) BGH, VersR 1959 1009 (1010)

2. Ausweitung des geschützten Personenkreises durch die Rechtsprechung des Bundesgerichtshofs ab dem Jahre 1965

Mit seiner Entscheidung vom 06.07.1965 sprach der Bundesgerichtshof erstmals einer Person Ersatz ihres reinen Vermögensschadens zu (1). Dies erscheint umso augenfälliger, als er im "Rauchrohröffnungsfall" (2) es drei Jahre später, 1968, sogar noch für erforderlich hielt klarzustellen, daß der Vertrag mit Schutzwirkung für Dritte jedenfalls auch den Ersatz von Sachschäden mit umfasse, und nicht nur Personenschäden betreffe. Der Bundesgerichtshof kam dort zu dem Ergebnis, daß der Eigentümer von Gegenständen, die ein Mieter von Geschäftsräumen berechtigterweise für Zwecke seines Geschäftsbetriebes in den gemieteten Räumen unterbringt, also z. B. ein Sicherungseigentümer oder wer unter Eigentumsvorbehalt verkauft habe, wegen der Schäden an seinen Sachen einen eigenen mietrechtlichen Schadensersatzanspruch gegen den Vermieter aus Vertrag mit Schutzwirkung für Dritte habe (3). Durch diese Rechtsprechung wurde also klargestellt, daß die Erstreckung der Schutzwirkung eines Vertrages den Dritten auch zu Ersatzansprüchen wegen Sachschäden berechtigen kann.

Mit der Hereinnahme reiner Vermögensschäden in das Rechtsinstitut des Vertrags mit Schutzwirkung für Dritte wurde eine Wende der Rechtsprechung eingeleitet. Die erwähnte Entscheidung aus dem Jahre 1965 (4) war der

----

1) BGH, NJW 1965, 1955
2) BGHZ 49, 350
3) AaO. S. 354 f.
4) BGH, NJW 1965, 1955

Beginn einer Haftung von Angehörigen bestimmter Berufe, z. B. der Rechtsanwälte, Sachverständigen, Wirtschaftsprüfer, Steuerberater, aber auch Banken, kraft ihres beruflich erlangten überlegenen Wissens. Insbesondere mit seiner Entscheidung zur Haftung der Banken im Lastschriftverfahren (1) machte der Bundesgerichtshof klar, daß künftig in bestimmten Fällen ein sog. "personenrechtlicher Einschlag" zwischen Gläubiger und Drittem nicht mehr vorausgesetzt werde. Die bisherigen Grenzen einer Einbeziehung Dritter in den geschützten Personenkreis schienen sonach gesprengt. Allerdings, da es auf eine "Fürsorgepflicht des Gläubigers für den Dritten" nicht mehr ankommen sollte, also mit einem Male nicht mehr nur Familienangehörige, Arbeitnehmer, Mieter und ähnliche dem Gläubiger nahestehende Personen drittbegünstigt sein sollten, löste der Bundesgerichtshof große Verunsicherung aus. Gleichzeitig unterließ er es nämlich, aufzuzeigen, wo die neu zu ziehenden Grenzen des drittbegünstigten Personenkreises verlaufen sollten.

----

1) BGHZ 69, 82

a) Anwaltsfälle

Der sog. "Testamentsfall" (1) scheint den Übergang von der bisherigen Rechtsprechung zum Vertrag mit Schutzwirkung für Dritte zu den neuen Fällen einer Berufshaftung dadurch erleichtert zu haben, daß es in dieser Entscheidung zwar um Ersatz eines bloßen Vermögensschadens ging, aber das bisher wichtigste Tatbestandsmerkmal, nämlich ein sog. "personenrechtlicher Einschlag", eindeutig gegeben war:
Der Bundesgerichtshof stellte die als Alleinerbin vorgesehene Tochter unter die Schutzwirkung des zwischen deren Vater, der zugleich Erblasser war, und einem Rechtsanwalt abgeschlossenen Geschäftsbesorgungsvertrages, wonach der Anwalt zwecks Errichtung eines öffentlichen Testaments alsbald einen Notar mitbringen sollte. Der Erblasser lehnte es nämlich ab, ein eigenhändiges Testament abzufassen. Trotz Betonung der Dringlichkeit des Falles sowie mehrfacher Aufforderung durch die Tochter kam es vor dem Tode des Erblassers nicht mehr zur Errichtung des Testaments, obwohl sich der Anwalt bereits dessen Verfügungswünsche notiert hatte. Die Tochter wurde daher nach gesetzlicher Erbfolge nur Miterbin; den daraus erlittenen Vermögensverlust konnte sie aufgrund der Entscheidung des Bundesgerichtshofs durch einen Schadensersatzanspruch gegen den Anwalt kompensieren.

Unstreitig war Vertragspartner des Rechtsanwalts ausschließlich der Erblasser geworden. Der Bundesgerichtshof stellte klar, daß der Anwalt die ihm nach dem Vertrag obliegenden Leistungen nur dem Erblasser und nicht auch der Klägerin versprochen hatte, so daß "der Vertrag nicht als Vertrag

----

1) BGH, NJW 1965, 1955

zugunsten Dritter im eigentlichen Sinne des § 328 BGB anzusehen ist" (1).
In der Entscheidung wird ausgeführt: Nachdem die Klägerin das einzige noch lebende Kind des Erblassers war, sei es Ausdruck und Ziel einer Fürsorge des Erblassers gewesen, die auf enger familiärer Verbundenheit beruhte, daß die Tochter Alleinerbin werden sollte. Wenn auch Inhalt des Geschäftsbesorgungsvertrages mit dem Rechtsanwalt gewesen sei, die letzten Dinge des Erblassers zu ordnen, so sei diese anwaltliche Tätigkeit der Sache nach doch auch und gerade der Tochter zu dienen bestimmt gewesen. Der Abschluß des Geschäftsbesorgungsvertrages mit dem Anwalt und die rechtzeitige Beibringung eines Notars zur Testamentserrichtung hätten sogar im besonderen Interesse der Tochter gelegen. Dies habe der Anwalt klar und deutlich erkennen können. Er hafte daher der Tochter aus Schutzwirkung des Geschäftsbesorgungsvertrages für Dritte.

Im besonderen führte der Bundesgerichtshof in den Gründen des Urteils aus, dem stehe auch nicht entgegen, daß "es bei den in Rechtsprechung und Schrifttum anerkannten Fällen um Ersatz von Körper- oder Sachschäden ging, während hier die Ersetzung eines Vermögensschadens in Frage steht" (2). Diesem Umstand komme keine entscheidende Bedeutung zu. Sowohl bei vertraglicher Haftung als auch bei Verletzung vorvertraglicher Pflichten (culpa in contrahendo) sei die Ersatzfähigkeit von Vermögensschäden anerkannt.

Die vorerwähnte Entscheidung blieb kein Einzelfall. Ein Rechtsanwalt hatte durch pflichtwidrig unterlassene Aufklärung bei einer Scheidungsvereinbarung die nach dem Willen

----

1) NJW 1965, 1955 (1956)
2) AaO. S. 1957

des einen Elternteils beabsichtigte Übertragung von Vermögenswerten auf die Kinder vereitelt. Unstreitig waren lediglich die geschiedenen Elternteile Vertragsparteien. Dennoch sprach der Bundesgerichtshof den aus der mißglückten Scheidungsvereinbarung geschädigten Kindern Ersatz ihres Vermögensschadens gegen den Anwalt zu, da "sich schon aus der vom Anwalt ausgearbeiteten Scheidungsvereinbarung ergeben hat, daß insoweit nur die Kinder begünstigt waren und daher nur sie geschädigt werden konnten, wenn diese Vereinbarung keinen rechtlichen Bestand hatte" (1).

Wie die nachfolgend geschilderte Entscheidung zeigt, wurde die vorerwähnte Rechtsprechung zur Anwaltshaftung auch von den Untergerichten übernommen:
Das Landgericht München war mit einem Haftungsfall befaßt, der dadurch entstanden war, daß die beklagten Rechtsanwälte den Auftrag der Mandantin zur Hinauskündigung der Mieter zu spät ausgeführt hatten, wodurch das Haus nicht rechtzeitig frei wurde. Es konnte zum vorgesehenen Termin nicht geräumt werden. Dadurch entstand zwar nicht der Mandantin, die das Haus zwischenzeitlich ihrer Tochter geschenkt hatte, ein Vermögensschaden, jedoch mußte die Tochter zur Überbrückung eine andere Wohnung anmieten. Den hierfür aufgewandten Mietzins hätte die Tochter bei rechtzeitiger Räumung der Mieter erspart. Das Landgericht verurteilte die Rechtsanwälte zum Ersatz des der Tochter entstandenen Vermögensschadens und verwies auf den "den Beklagten bekannten Zweck des Mandatsvertrags", aber auch auf "Fürsorgepflichten begründende familiäre Beziehungen" (2).

----

1) BGH, FamRZ 1977, 383

2) NJW 1983, 1621

Zwischenzeitlich hatte das Oberlandesgericht Hamm, im Jahre 1985, ebenfalls über die berufliche Haftung von Rechtsanwälten zu entscheiden. Dabei ging es um nachfolgenden Sachverhalt mit wiederum erbrechtlichen Folgen:
Ein geschiedener Ehemann hatte seinen Rechtsanwalt beauftragt, eine Ehelichkeitsanfechtungsklage zu erheben. Das aus der Verbindung der geschiedenen Ehefrau mit einem anderen Mann hervorgegangene Kind sollte für nichtehelich erklärt werden mit der Folge, daß aufgrund der prozessualen Gestaltungsklage gem. § 640 h ZPO das Kind mit allgemein verbindlicher Wirkung aus dem Familienverband ausscheidet und somit die Unterhaltspflicht des geschiedenen Ehemannes sowie auch die Erbansprüche des Kindes gegen ihn entfallen.

Der Rechtsanwalt war weiter beauftragt, gegen das klageabweisende Urteil erster Instanz in der Ehelichkeitsanfechtungssache Berufung beim zuständigen Gericht einzulegen. Dadurch, daß der Anwalt unrichtigerweise die Berufung beim Landgericht, und nicht fristgerecht beim zuständigen Oberlandesgericht einlegte, entstand zwar nicht dem zwischenzeitlich verstorbenen Mandanten ein Vermögensschaden, jedoch dessen leiblicher Tochter, der Klägerin. Die erfolgreiche Ehelichkeitsanfechtung hätte zum einen den Mandanten - sofern er noch lebte - in unterhaltsrechtlicher Hinsicht, gleichzeitig aber auch vorhersehbar dessen leibliche Tochter in erbrechtlicher Hinsicht begünstigt.
Das Oberlandesgericht Hamm entschied daher, die Auslegung des Anwaltsvertrages ergebe, daß die leibliche Tochter in den Schutz des Vertrages einbezogen werden sollte. Es führte aus: "Richtig ist zwar, daß ein Anwaltsvertrag durch das besondere Vertrauensverhältnis zwischen Mandant und Rechtsanwalt bestimmt wird und regelmäßig keine Schutzwirkung zugunsten Dritter entfaltet. Von diesem Grundsatz ist jedoch eine Ausnahme zu machen, wenn die Tätigkeit des Rechtsanwalts auch und gerade dem Dritten zu dienen bestimmt war und

der Rechtsanwalt von einer solchen Erwartung des Mandanten Kenntnis hatte" (1).

Damit scheint die Berufshaftung der Rechtsanwälte gegenüber Dritten eingeführt. Da durch Anwaltsverschulden ausschließlich nahe Familienangehörige der jeweiligen Mandantschaft geschädigt worden waren, scheint es sich lediglich um die Fortführung der schon bisher gefestigten Rechtsprechung zum Vertrag mit Schutzwirkung für Dritte zu handeln, jedoch mit der Besonderheit, daß neben Personen- und Sachschäden nun auch reine Vermögensschäden als ersatzfähig gelten sollten. Allerdings nahm die Rechtsprechung, wie nachfolgend dargestellt, eine aus heutiger Sicht doch ganz andere Wendung.

b) Massengeschäfte mit typischen Risiken

Im Jahre 1977 wich der Bundesgerichtshof, im sog. "Lastschriftfall" (2), ausdrücklich von einem bis dahin als gefestigt erscheinenden Tatbestandsmerkmal des Vertrags mit Schutzwirkung für Dritte ab. Galt bisher als unerlässliche Voraussetzung ein "personenrechtlicher Einschlag" zwischen Gläubiger und Drittem, d. h. daß der Gläubiger für den Dritten fürsorgepflichtig sein müsse, so meinte der Bundesgerichtshof, bei nachfolgend dargestelltem Sachverhalt gelte dies nicht:
Die Klägerin lieferte in laufender Geschäftsverbindung Kalksandsteine an ein Bauunternehmen, bis über dessen Vermögen das Konkursverfahren eröffnet wurde. Das Bauunternehmen hatte etwa ein Jahr vor Konkurseröffnung dem Einzug der Kaufpreisforderungen der Klägerin im Lastschriftverfahren zugestimmt und der beklagten Bank, bei der es ein Girokonto

----

1) OLG Hamm, MDR 1986, 1026
2) BGHZ 69, 82

unterhielt, gleichzeitig den Auftrag erteilt, die von der Klägerin eingehenden Lastschriften zu Lasten seines Kontos einzulösen. Die Klägerin, die bei der Bank des Bauunternehmens kein Konto unterhielt, reichte in der Folgezeit bei ihrer eigenen Bank mehrere Lastschriften zum Einzug zu Lasten des Kontos der Bauunternehmung ein. Die ca. zwei Monate vor Eröffnung des Konkursverfahrens über das Vermögen des Bauunternehmers eingereichten Lastschriften wurden von der Bank der Bauunternehmung nicht eingelöst, weil deren Konto keine Deckung aufwies.
Der Klägerin entstand dadurch erheblicher Vermögensschaden, daß die Lastschriften bei der Bank des Bauunternehmens liegen blieben und erst wesentlich später als üblich auf dem Einzugswege zurückgesandt wurden. Dem Konto der Klägerin wurden die Lastschriftbeträge zurückbelastet. Mit der Klage verlangte die Klägerin Ersatz desjenigen Schadens, der ihr dadurch entstanden war, daß sie Ware von nahezu DM 40 000,-- während desjenigen Zeitraums lieferte, als die Lastschriften bereits wegen Nichtdeckung des Kontos liegen geblieben waren. Die Klägerin behauptet, sofern die Bank des Bauunternehmens die erste nicht eingelöste Lastschrift unverzüglich zurückgesandt hätte, wäre ihr die Nichteinlösung so rechtzeitig bekannt geworden, daß sie die letzten drei Lieferungen nur noch gegen Vorauskasse durchgeführt hätte.

Der Bundesgerichtshof stellt zunächst fest, daß unmittelbare Vertragsbeziehungen zwischen der geschädigten Klägerin und der beklagten Bank des Bauunternehmens nicht bestehen. Als Vertragspartner der Klägerin ist nur deren eigene Bank anzusehen. Die Bank des Schuldners, die die Lastschrift zur Einlösung erhält, handelt nur aufgrund einer Weisung, die die Gläubigerbank im Rahmen des zwischen den jeweiligen Banken bestehenden Giroverhältnisses im eigenen Namen erteilt. Der Schuldner gibt seinerseits entweder seiner Bank einen schriftlichen Auftrag, Lastschriften eines bestimmten Gläubigers einzulösen ("Abbuchungsauftragsverfahren"), oder

der Schuldner räumt dem Gläubiger schriftlich die Ermächtigung ein, die zu leistenden Zahlungen mittels Lastschrift bei der Schuldnerbank einzuziehen ("Einzugsermächtigungsverfahren"). Auch damit gewinne allerdings der Gläubiger, hier die Klägerin, keinen vertraglichen Anspruch gegen die Bank der Schuldnerin.

In Betracht komme jedoch ein Anspruch aus Verletzung einer Schutzpflicht zugunsten Dritter. Der Bundesgerichtshof weist darauf hin, daß die Rechtsprechung wiederholt ausgesprochen habe, "eine solche Einbeziehung Dritter komme regelmäßig nur in Betracht, wenn das Innenverhältnis zwischen Gläubiger und Drittem durch einen personenrechtlichen Einschlag gekennzeichnet und erkennbar sei, daß der Gläubiger in Mitverantwortung und Fürsorge für den Dritten handle". Er führt weiter aus, soweit danach ein personenrechtlicher Einschlag verlangt werde, seien diese Grundsätze "unnötig eng, wenn es sich - wie hier - um Massengeschäfte eines bestimmten Typs mit einem einheitlich praktizierten Verfahren handelt, das dem Rechtsverkehr in großem Stile unter Inanspruchnahme des Vertrauens auf sach- und interessengerechte Abwicklung angeboten wird. Hier kann nach Treu und Glauben eine Einbeziehung Dritter in den Schutzbereich der anfallenden Schuldverhältnisse möglich und geboten sein, wenn das Verfahren für den Dritten, der sich dessen bedient, bestimmte verfahrenstypische Risiken in sich birgt und den mit der Durchführung betrauten Verfahrensbeteiligten ohne weiteres zugemutet werden kann, diese Risiken klein zu halten" (1).

Der Bundesgerichtshof hat damit entschieden, daß der Gläubiger im Lastschriftverfahren einen Schadensersatzanspruch gegen die Bank des Schuldners haben könne, wenn diese eine

----

1) BGHZ 69, 82 (86)

unbezahlte Lastschrift nicht alsbald nach Eingang und Prüfung an die Gläubigerbank zurückleitet oder diese von der Nichteinlösung benachrichtigt (1). Unstreitig besteht zwischen dem Lastschriftgläubiger und dessen eigener Bank eine Fürsorgepflicht im bisher verstandenen Sinne nicht. Allerdings komme nach den Ausführungen des Bundesgerichtshofs im "Lastschriftfall" ein Absehen von dem Erfordernis des personenrechtlichen Einschlags nur für "Massengeschäfte eines bestimmten Typs mit einem einheitlich praktizierten Verfahren" (2) in Betracht. Der Senat gab allerdings keinen Hinweis, welche weiteren "Massengeschäfte", außer dem Lastschriftverfahren, hier gemeint sein könnten.

Das Oberlandesgericht Hamburg glaubte bei ähnlichem Sachverhalt die vom Bundesgerichtshof zum "Lastschriftfall" dargelegten Grundsätze anwenden zu können:
Eine Verfrachterin von Ware erlitt aus unzutreffender Bestätigung "Gegenwert erhalten" der zwischengeschalteten Bank dadurch erhebliche Vermögensschäden, daß aufgrund dieser falschen Bestätigung die Verfrachterin die Ware ohne Vorlage der Konnossemente aushändigte. Die Bank wurde vom Oberlandesgericht Hamburg zum Ersatz des Vermögensschadens verurteilt (3).
Eine vertragliche Beziehung zwischen der geschädigten Verfrachterin und der Bank, welche die unzutreffende Bestätigung erteilt hatte, bestand nicht. Das Oberlandesgericht Hamburg weist darauf hin, eine Einbeziehung Dritter in einen Vertrag komme aber regelmäßig nach der Rechtsprechung nur in Betracht, wenn das Innenverhältnis zwischen Gläubiger und

----

1) BGHZ 69, 82
2) AaO. S. 86
3) OLG Hamburg, VersR 1983, 350

Drittem durch einen personenrechtlichen Einschlag gekennzeichnet und erkennbar sei, daß der Gläubiger in Mitverantwortung und Fürsorge für den Dritten handle. "Bei Massengeschäften eines bestimmten Typs mit einem einheitlich praktizierten Verfahren kann nach Treu und Glauben eine Einbeziehung Dritter in den Schutzbereich der anfallenden Schuldverhältnisse möglich und geboten sein, wenn das Verfahren für den Dritten, der sich dessen bedient, bestimmte verfahrenstypische Risiken in sich birgt und den mit der Durchführung betrauten Verfahrensbeteiligten ohne weiteres zugemutet werden kann, diese Risiken klein zu halten. Der sonst erforderliche personenrechtliche Einschlag kann in diesen Fällen zurückstehen" (1).
Die Vertragsparteien hatten sich in dem betreffenden Fall insofern eines "einheitlich praktizierten Verfahrens" bedient, als die Warenabnehmerin bereits vor Ankunft der Konnossemente die Ware ausgehändigt erhalten wollte und deswegen Lieferung der Ware gegen Zahlungsempfangsbestätigung der zwischengeschalteten Bank vereinbart wurde. Die Bank bestätigte "Gegenwert erhalten", obgleich ihr lediglich Schecks ausgehändigt worden waren, die, wie sich später herausstellte, mangels Deckung zurückgegeben werden mußten.

c) Auskunftshaftung

aa) Banken

Nicht nur aus Pflichtverletzungen in automatisierten Verfahren, sog. Massengeschäften, wurden Banken auf Ersatz reiner Vermögensschäden in Anspruch genommen, sondern darüber hinaus auch bei Erteilung falscher Auskünfte:

----

1) OLG Hamburg, VersR 1983, 350

Der Bundesgerichtshof hatte im Jahre 1974 folgenden Fall zu entscheiden: Der Kläger ließ durch seine Bank über einen Viehhändler, mit welchem er in laufender Geschäftsverbindung stand, Kreditauskünfte erholen. Die Bank des Klägers verschaffte sich die Auskunft durch Anfrage bei der Bank des Viehhändlers, wobei sie konkret anfragte, ob dieser für wöchentliche Warenlieferungen im Wert von DM 50 000,-- gut sei. Die erteilten Auskünfte ließen den Viehhändler als kreditwürdig erscheinen. Wie sich später herausstellte, kam der Viehhändler zu dem Zeitpunkt, als seine Bank ihn in der Auskunft als kreditwürdig hinstellte, seinen Zahlungsverpflichtungen längst nicht mehr nach. Das von ihm unterhaltene Konto bei der betreffenden Bank stand bei Auskunftserteilung mit mehr als DM 250 000,-- im Debet. Etwa einen Monat nach Erteilung der unrichtigen Auskunft löste diese gleiche, zuvor Auskunft erteilende Bank die von dem Viehhändler ausgestellten Schecks nicht mehr ein. Dadurch, daß der Kläger nach Auskunftserteilung im Vertrauen auf deren Richtigkeit dem Viehhändler weiterhin Schweine geliefert habe, sei ihm ein Schaden von mehr als DM 60 000,-- entstanden. Die angefragte Bank wurde zum Ersatz des Schadens verurteilt, obgleich die anfragende Bank des Klägers geschrieben hatte, man werde diskret und ohne jede Verbindlichkeit von der Auskunft Gebrauch machen, und die Auskunft selbst den Zusatz enthielt, sie werde erteilt mit dem "ausdrücklichen Vorbehalt, daß wir jede Verantwortung für die Richtigkeit und Vollständigkeit ablehnen" (1).

Obgleich die anfragende Bank die Auskunft als "Gefälligkeit" erbeten hatte und der Kläger in der Anfrage namentlich nicht genannt war, nahm der Bundesgerichtshof einen "Auskunftsvertrag zugunsten Dritter" an. Dies laufe keineswegs auf eine

----

1) BGH, WM 1974, 685

"Auskunft an den, den es angeht" hinaus, da der Interessierte jedenfalls bestimmbar gewesen sei und die angefragte Bank den Zweck der Anfrage gekannt habe (1).

Damit entschied der Bundesgerichtshof, daß die auskunftgebende Bank eine rechtsgeschäftliche Verbindung eingeht, sofern sie im Interesse eines Kunden von einer anderen Bank eine Kreditauskunft erholt, wenn in der Anfrage gleichzeitig die von dem Ausfall der Auskunft abhängig gemachten erheblichen wirtschaftlichen Dispositionen des Kunden genannt sind. Zweifellos fehlt es auch hier an einem "personenrechtlichen Einschlag" im bisher verstandenen Sinne einer gesetzlichen Fürsorgepflicht des Gläubigers für den Dritten zwischen der anfragenden Bank und ihrem Kunden. Sicher mußte die auskunftgebende Bank nicht annehmen, das anfragende Kreditinstitut handle mit besonderer, über die regelmäßigen Sorgfaltspflichten aus laufender Geschäftsverbindung hinausgehenden Fürsorge für ihren Kunden, noch dazu, nachdem dieser namentlich gar nicht bekannt gegeben wurde.
Der Bundesgerichtshof hatte sich in dieser Entscheidung aber auch mit der Frage auseinanderzusetzen, ob ggf. auch noch die Schweinelieferanten des Klägers, also seine Zulieferer, einen Anspruch aus "Schutzwirkung" des Auskunftsvertrages haben konnten. Dies verneinte der Bundesgerichtshof mit der Begründung, es könne "grundsätzlich nicht unterstellt werden, eine Bank werde einem unüberschaubaren Personenkreis gegenüber Auskünfte erteilen wollen" (2).

----

1) BGH, WM 1974, 685
2) AaO. S. 686

bb) Sachverständige, Steuerberater und Wirtschaftsprüfer

Die im vorerwähnten Urteil zur Auskunftshaftung der Banken vom Bundesgerichtshof genannten Grundsätze wurden bald auf weitere Berufsgruppen, nämlich öffentlich bestellte und vereidigte Sachverständige, Steuerberater und Wirtschaftsprüfer ausgedehnt. Neben den Banken stellen diese eine weitere bedeutsame Berufsgruppe mit beruflich erworbenem, überlegenem Wissen dar. Von den Auskünften der Angehörigen dieser Berufe kann der Anfragende selbst erhebliche wirtschaftliche Dispositionen abhängig machen, er kann aber diese Auskünfte auch gegenüber Dritten verwenden. Wegen der im Geschäftsleben anerkannten Objektivität bestimmter Berufsangehöriger gewinnen deren Auskünfte bzw. Gutachten eine gewisse "Verkehrsfähigkeit" in dem Sinne, daß auch ein Dritter sich auf die Richtigkeit solcher Auskünfte verlassen darf. Dieser Erwartungshaltung von Auskunftsersuchenden gegenüber den Angehörigen der genannten Berufsgruppen trug der Bundesgerichtshof durch nachfolgend dargelegte Entscheidungen Rechnung.

Am 28.04.1982 hatte der Bundesgerichtshof über folgenden Sachverhalt zu entscheiden:
Ein öffentlich bestellter und vereidigter Sachverständiger erstattete im Auftrag der Eigentümerin eines Grundstückskomplexes ein Wertgutachten. Die Auftraggeberin beabsichtigte das Gelände mit einem groß angelegten Feriendorf zu bebauen. Die Grundstückseigentümerin trat mit einer dänischen Firma in Verhandlungen und stellte dieser den Auftrag zur Lieferung von 600 Fertigferienhäusern in Aussicht, falls sie ihr zu einem Kredit von 15 Millionen DM verhelfen könne. Dem Schreiben an die dänische Firma war das Gutachten des später beklagten Sachverständigen beigefügt, wonach der Grundstückskomplex einen Verkehrswert von 20 Millionen DM habe.
Das Wertgutachten wurde möglichen Geldgebern gegenüber vorgelegt. Im Auftrag des dänischen Staates rief der dänische Konsul in München bei dem Gutachter an und ließ sich zunächst auf Anfrage bestätigen, daß dieser öffentlich

bestellter und vereidigter Sachverständiger sei. Dem Gutachter wurde erklärt, daß sich ein dänisches Unternehmen durch eine Garantie oder durch Kredithingabe an dem Vorhaben beteiligen wolle. Es werde deshalb angefragt, ob das Wertgutachten wegen des zunehmenden Preisverfalls auf dem Immobilienmarkt noch zutreffend sei. Der Sachverständige bejahte die Frage und bestätigte schriftlich gegenüber dem dänischen Konsulat, daß "in Ergänzung meines ausführlichen Gutachtens vom...der Wert des o. a. Objekts auch heute noch unverändert besteht". Das Feriendorfprojekt wurde im Vertrauen auf die Richtigkeit dieser Auskunft durch eine Bank finanziert, scheiterte jedoch, und der Kredit wurde notleidend. Die Zwangsversteigerung des als Sicherheit dienenden Feriengeländes erbrachte einen Erlös von lediglich 1,9 Millionen DM. Die Bank verklagte den Gutachter auf Ersatz des ihr dadurch entstandenen Schadens, daß sie mit ca. 10 Millionen DM ausfiel.

Der Sachverständige trug im Rechtsstreit vor, sein Gutachten sei kein Beleihungsgutachten gewesen. Er hafte nur seinem Auftraggeber für die Richtigkeit des Gutachtens. Die Schadensersatzklage wurde in zwei Instanzen abgewiesen. Ein Schadensersatzanspruch aus eigenem Recht stehe der Bank nicht zu, da weder die Bank selbst noch der Konsul erkennbar in deren Vertretung beim Gutachter angefragt habe. Auch habe es sich nicht um eine "Auskunft an alle die es angeht" gehandelt mit der Folge, daß der Gutachter "jedem beliebigen Dritten" nach Vertragsgrundsätzen zu haften hätte.

Der Bundesgerichtshof hob das Urteil auf und verwies den Rechtsstreit an das Berufungsgericht zurück, weil dieses nicht geprüft hatte, ob die Bank nicht etwa in den Schutzbereich des Vertrages einbezogen war. Nachdem der Konsul dem beklagten Gutachter gegenüber zu erkennen gegeben habe, daß seine Auskunft für die Entscheidung über die Kreditvergabe benötigt werde, sich darüber hinaus mit der fernmündlichen Auskunft nicht begnügt, sondern um schriftliche Bestätigung gebeten habe, habe der Gutachter erkennen können, daß seine sachverständige Äußerung als Grundlage für schwerwiegende Entscheidungen dienen sollte. Obwohl der Sachverständige nicht wußte, wer die Auskunft zur Grundlage für seine Entscheidung machen werde, komme ein Anspruch der letztlich geschädigten Bank aus Vertrag mit Schutzwirkung für Dritte grundsätzlich in Betracht (1).

Wenige Monate nach der Entscheidung zur Fehlbegutachtung eines Feriendorfkomplexes, ebenfalls noch im Jahre 1982, hatte der Bundesgerichtshof darüber zu entscheiden, ob ein Steuerberater für die finanziellen Folgen eines unzutreffenden steuerrechtlichen Gutachtens auch gegenüber Dritten einzustehen habe:
Ein Steuerberater und Wirtschaftsprüfer sollte im Auftrag einer GmbH prüfen, wie den Gesellschaftern die von der eigenen GmbH gewährten Darlehen ohne steuerlichen Nachteil für die GmbH und ihre Gesellschafter zurückgeführt werden könnten, ohne daß dies vom Finanzamt als verdeckte Gewinnausschüttung bewertet werde mit der befürchteten Folge erheblicher Einkommensbesteuerung. Die von dem Steuerberater im Gutachten empfohlene Vorgehensweise wurde befolgt, der Rat war allerdings falsch. Die Gesellschafter wurden aufgrund einer Betriebsprüfung nachbesteuert. Sie verlangten vom Steuerberater Ersatz des ihnen hierdurch entstandenen Vermögensschadens.
Unstreitig war Auftraggeber des Steuerberaters die GmbH, die das Gutachten auch bezahlt hatte. Das Gericht wies aber auf folgendes hin: Möglicherweise müsse der steuerliche Berater einer Kapitalgesellschaft ohnehin auch die steuerlichen

----

1) BGH, WM 1982, 762

Belange der Gesellschafter im Auge behalten und sei deshalb bei Verletzung einer solchen Pflicht den Gesellschaftern selbst schadensersatzpflichtig. Das könne jedoch hier dahingestellt bleiben, weil im vorliegenden Fall das Gutachten von der Gesellschaft in Auftrag gegeben wurde, "um die Gesellschafter vor den steuerlich nachteiligen Folgen der Annahme einer verdeckten Gewinnausschüttung zu bewahren". Aufgabe des Steuerberaters sei es daher gewesen, "(auch) die steuerlichen Auswirkungen der vorgeschlagenen Maßnahmen auf die Gesellschafter zu prüfen". Bei einer solchen Fallgestaltung könne kein Zweifel darüber bestehen, daß die Gesellschafter in den Schutzbereich des Vertrages einbezogen seien (1).

Im Jahre 1986 hatte der Bundesgerichtshof über die Haftung einer beklagten Wirtschaftsprüfungsgesellschaft aus unrichtiger Vermögensaufstellung zu entscheiden:
Die Wirtschaftsprüfungsgesellschaft hatte im Auftrag eines kreditsuchenden Bankkunden eine Aufstellung von dessen Vermögen angefertigt, welche dieser erkennbar zur Vorlage bei potentiellen Kreditgebern verwenden wollte. Die Vermögensaufstellung war lückenhaft und gab demzufolge ein völlig falsches Bild von der Kreditwürdigkeit des Kreditsuchenden wieder. Das Berufungsgericht hatte zwar geprüft, ob die Wirtschaftsprüfungsgesellschaft der durch die falsche Vermögensaufstellung geschädigten Bank vertraglich hafte, dies jedoch mit der Begründung abgelehnt, der Kreditsuchende sei nicht für das "Wohl und Wehe" der Bank mit verantwortlich gewesen; zwischen den beiden habe, wie regelmäßig von der Rechtsprechung gefordert, eine durch eine Fürsorgepflicht gekennzeichnete Beziehung nicht bestehen können, da ihre Interessen gegenläufiger Natur gewesen seien.

----

1) BGH, NJW 1983, 1053

Der Bundesgerichtshof ließ eine solche ablehnende Begründung nicht gelten; dies entspreche nicht seiner Rechtsprechung zum Vertrag mit Schutzwirkung für Dritte. Danach nämlich könne die vertragsgemäß beabsichtigte Verwendung von Gutachten, Testaten und Auskünften als Kreditunterlage durchaus geeignet sein, Schutzwirkungen für einen Dritten zu erzeugen: Demnach hafte der geschädigten Bank bei Unrichtigkeit der Bescheinigung, wer als Wirtschaftsprüfer im Auftrag eines Kreditsuchenden Auskunft über dessen Bonität erteilt und dabei weiß, daß diese Auskunft als Grundlage möglicher Kreditgewährung dient (1).

Bald darauf, ebenfalls noch im Jahre 1986, bestätigte der Bundesgerichtshof die soeben geschilderte Rechtsprechung zur Steuerberater- und Wirtschaftsprüferhaftung. Der Bundesgerichtshof entschied nochmals, daß ein Steuerberater für die Richtigkeit einer von ihm bescheinigten Vermögensaufstellung hafte, wenn diese erkennbar als Entscheidungsgrundlage für einen Dritten - entweder einen Käufer oder einen Kreditgeber - bestimmt sei (2).
Er ging allerdings in den Gründen auf das Drittschutzproblem wie folgt näher ein: Der Annahme einer Drittschutzwirkung des Kreditauskunftsvertrages könne nicht entgegen gehalten werden, daß die Interessen des Käufers oder Kreditgebers auf der einen und der Mandantschaft des Steuerberaters auf der anderen Seite gegenläufig gewesen seien. "Wer bei einer Person, die über eine besondere, vom Staat anerkannte Sachkunde verfügt (z. B. bei öffentlich bestellten Sachverständigen, Wirtschaftsprüfern, öffentlich bestellten Vermessungsingenieuren, Steuerberatern) ein Gutachten oder eine gutachtliche Äußerung (z. B. ein Wirtschaftsprüfer- oder

----

1) BGH, NJW-RR 1986, 1307
2) BGH, LM § 675 BGB Nr. 120

Steuerberatertestat) bestellt, um davon gegenüber einem Dritten Gebrauch zu machen, ist in der Regel daran interessiert, daß die Ausarbeitung die entsprechende Beweiskraft besitzt. Das ist jedoch nur dann gewährleistet, wenn der Verfasser sie objektiv nach bestem Wissen und Gewissen erstellt und auch dem Dritten gegenüber dafür einsteht." (1)
Die Einbeziehung der geschädigten Bank in den Schutzbereich des Vertrages hänge jedoch nicht davon ab, ob dem testierenden Steuerberater bekannt sei, wem die Kreditauskunft vorgelegt werden soll. Der Annahme einer Schutzpflicht zugunsten eines Dritten stehe nicht entgegen, daß dem Schutzpflichtigen weder die Zahl noch die Namen der zu schützenden Personen bekannt sei. Dies bedeute allerdings nicht, daß der Kreis der unter die Schutzpflicht fallenden Personen uferlos ausgeweitet werden dürfte; vielmehr sei es erforderlich, daß die Schutzpflicht auf eine überschaubare, klar abgrenzbare Personengruppe beschränkt werde. Es erscheine demnach nicht unzulässig, wenn diejenige Person, der die Kreditauskunft erkennbar als Entscheidungsgrundlage diente, in den Schutzbereich des Vertrages einbezogen werde; denn in diesem Falle erstrecke sich der Schutzbereich nur auf den Käufer und einen etwaigen Geldgeber (2).

----

1) BGH, LM § 675 BGB Nr. 120 Bl. 1241

2) BGH, LM § 675 BGB Nr. 120

cc) Dienstleistungszeugnisfall

Ebenfalls der "Auskunftshaftung" ist der sog. "Dienstleistungszeugnisfall" des Bundesgerichtshofs aus dem Jahre 1979 (1) zuzuordnen. Der Aussteller eines unrichtigen Dienstleistungszeugnisses hatte dafür schadensersatzrechtlich einzustehen, daß der unlautere Arbeitnehmer, dem im Zeugnis Ehrlichkeit bescheinigt war, an der neuen Arbeitsstelle Unterschlagungen beging. Der frühere Arbeitgeber und Aussteller des Arbeitszeugnisses hatte erst nachträglich in seinem eigenen Betrieb Unterschlagungen dieses Arbeitnehmers entdeckt, sah sich aber gleichwohl nicht veranlaßt, das vorher ausgestellte und den Arbeitnehmer als einwandfrei erscheinen lassende Zeugnis "einzuziehen" bzw. den neuen Arbeitgeber zu warnen. Der Grund für die Haftung sei "der vertrauenheischende Bescheinigungscharakter, dessen Anerkennung im Verkehr erst den Wert des Zeugnisses ausmacht" (2).
Allerdings hafte der Aussteller nur für bewußte Unrichtigkeiten und für Ausführungen, die "die Verläßlichkeit des Zeugnisses in ihrem Kern berühren" (3).

In den Entscheidungen zum Ersatz reinen Vermögensschadens, mit Ausnahme der sog. "Anwaltsfälle", fällt auf, daß im Unterschied zu den "herkömmlichen Sachverhalten", also den Fallgruppen in offensichtlicher Fortführung der reichsgerichtlichen Rechtsprechung, das bislang bedeutsamste Tatbestandsmerkmal eines "personenrechtlichen Einschlags" zwischen Gläubiger und Drittem ohne Ausnahme nicht erfüllt war. Trotzdem hat der Bundesgerichtshof, teilweise, ohne

----

1) BGHZ 74, 281
2) AaO. S. 290
3) AaO. S. 292

hierauf näher einzugehen, und in manchen Fällen ganz ausdrücklich (1) dieses Erfordernis aufgegeben sowie es als dort "zu eng" bezeichnet. Es drängt sich daher die Frage auf, wie sich die neuere Rechtsprechung des Bundesgerichtshofs zur früheren - auch des Reichsgerichts - verhält und ob - ggf. wie - die Akzente anders gesetzt werden als bisher.

----

1) Z. B. im "Lastschriftfall", BGHZ 69, 82

C. Analyse der Rechtsprechung

1. Gründe für die Einordnung im Vertragsrecht

Zunächst interessiert, aus welchen Gründen die Rechtsprechung jeweils glaubte, auf Vertragsrecht ausweichen zu müssen. Die Motive der Rechtsprechung für die Hereinnahme Dritter in den Schutz eines fremden Vertragsverhältnisses lassen sich wie folgt zusammenfassen:

a) § 831 BGB
In den geschilderten Fallgruppen hat die Rechtsprechung regelmäßig solchen Personen Schadensersatzansprüche zugebilligt, die am Vertragsabschluß nicht beteiligt waren. Wer nicht Vertragspartner ist, muß sich grundsätzlich auf Deliktsrecht verweisen lassen.

Wie aus den Urteilsgründen ersichtlich, wurde nicht ohne Notwendigkeit auf vertragliche Drittansprüche ausgewichen. Bei Durchsicht der ersten Drittschutzfälle zeigt sich, daß deliktische Schadensersatzansprüche in der Regel an der Exkulpationsmöglichkeit des dem Schädiger übergeordneten Dienstherrn gem. § 831 BGB scheiterten, z. B. in den Beförderungsfällen des Reichsgerichts (1). Bei Annahme vertraglicher Haftung gilt § 278 BGB, wonach der Vertragspartei gewordene Inhaber eines Beförderungsbetriebes für ein Verschulden seines Erfüllungsgehilfen, beispielsweise des bei ihm angestellten Lenkers der Droschke, selbst haftet. Ähnlich heutigen Taxibetrieben wurden die Gefährte damals von angestellten Droschkenfahrern gelenkt, die bei einem verschuldeten Unfall den Fahrgästen aus § 823 BGB hafteten.

----

1) OLG Colmar, Das Recht 1914, Nr. 327; RGZ 87, 64; RG, Das Recht 1924, Nr. 161 (vgl. o. S. 14 ff.)

Allerdings war von den unvermögenden Angestellten in der Regel nichts zu erlangen. Der zahlungskräftige Unternehmer konnte nicht in Anspruch genommen werden, sofern er nachwies, daß der Angestellte sorgfältig ausgewählt war.

Gleichermaßen mußte vom Reichsgericht bei Haftung aus Verschulden des angestellten Krankenhauspersonals auf § 278 BGB zurückgegriffen werden (1), andernfalls der falsch behandelte Patient gem. § 831 BGB wegen der Exkulpationsmöglichkeit keinerlei Anspruch gegen das in der Regel zahlungskräftige Krankenhaus erlangt hätte. Der Vermieter könnte sich für sorgfältig ausgewählte Handwerker exkulpieren, durch deren Verschulden Familienmitglieder des Mieters zu Schaden kommen (2). Im sog. "Kreissägenfall" des Reichsgerichts (3) konnte der Inhaber des Schreinereibetriebes und Eigentümer der Kreissäge sich für den bei ihm angestellten Schreiner exkulpieren, der "unstreitig ein zuverlässiger und tüchtiger Gehilfe gewesen sei (§ 831 BGB)" (4).

b) Verjährung

Gem. § 852 BGB verjähren deliktische Schadensersatzansprüche in drei Jahren, vertragliche hingegen mit wenigen Ausnahmen gem. § 195 BGB in 30 Jahren. Der Subunternehmer einer Baufirma wäre wegen Verjährung leer ausgegangen, hätte ihm nicht der Bundesgerichtshof vertragliche Ansprüche zugestanden (5). Durch im Vertragsrecht kürzere Verjährungsfristen, § 606 BGB bei Leihverhältnissen und § 558 BGB bei Mietverträgen, wird der Entleiher bzw. Mieter bei Beschädigung

----

1) RG, Warneyer 1915, S. 306 Nr. 203 (vgl. o. S. 16 ff.)
2) RGZ 102, 231
3) RGZ 98, 210
4) AaO. S. 211
5) BGHZ 56, 269

einer entliehenen oder gemieteten Sache besser gestellt als im Deliktsrecht. Schadensersatzansprüche verjähren in nur sechs Monaten ab Rückgabe der beschädigten Sache. Die Hilfsperson des Entleihers oder Mieters, welche eine fremde Sache beschädigt, könnte, da nicht Vertragspartner und sonach über §§ 823 ff. BGB haftend, drei Jahre lang (§ 852 BGB) in Anspruch genommen werden, würde sie nicht in bezug auf die Verjährung behandelt wie der Vertragspartner, also Entleiher bzw. Mieter selbst (1).

c) § 538 BGB

Wer aufgrund der §§ 823 ff. BGB in Anspruch genommen wird, haftet nur bei Verschulden. Der Vermieter hingegen ist seinem Vertragspartner gem. § 538 Abs. 1 BGB auch für bei Vertragsabschluß bereits vorhandene Mängel ersatzpflichtig, ohne daß es dabei auf ein Verschulden ankommt. Das Reichsgericht hat deswegen zugunsten der Tochter des Mieters, die sich mit Tuberkelbazillen angesteckt hatte, entschieden, daß auch Familienangehörige, die nicht Vertragspartei geworden sind, Schadensersatzansprüche aus § 538 BGB herleiten können, da "eine solche verschiedene Gestaltung der Rechtslage des Mieters und der seiner Angehörigen dem gesunden Rechtsgefühl widerstrebt" (2).

d) Vermögensschäden

Aus Deliktsrecht haftet im Grundsatz nur, wer sog. absolute Rechtsgüter und Rechte, also den Körper, die Gesundheit, die Freiheit, das Eigentum oder ein sonstiges absolutes Recht eines anderen verletzt (§ 823 Abs. 1 BGB), und nur im

----

1) BGHZ 49, 278; BGHZ 61, 272

2) RGZ 91, 24

Ausnahmefall schuldet Ersatz eines reinen Vermögensschadens, nämlich nach § 823 Abs. 2 BGB, wer gegen ein sog. Schutzgesetz verstößt, gem. § 826 BGB, wer einen anderen vorsätzlich und sittenwidrig schädigt, oder nach § 839 BGB, wer Amtsträger ist.

In den Entscheidungen des Bundesgerichtshofs zur Haftung der Rechtsanwälte, Banken, Gutachter, Steuerberater und Wirtschaftsprüfer wäre der jeweilige Kläger ohne Ausnahme leer ausgegangen, sofern nur deliktsrechtliche Ansprüche in Betracht gezogen worden wären. Stets waren "nur" reine Vermögensschäden eingetreten, sonach ein sog. absolutes Rechtsgut i. S. d. § 823 Abs. 1 BGB, aber auch ein sog. "Schutzgesetz" i. S. d. § 823 Abs. 2 BGB nicht verletzt. Ein Anspruch aus § 826 BGB kam nicht in Betracht, da vielfach dem Schädiger Vorsatz, erst recht aber eine "sittenwidrige" Schädigung, nicht nachweisbar waren. Sowohl in den sog. "Anwaltsfällen" (1), im "Lastschriftfall" des Bundesgerichtshofs (2), der Haftung einer Bank für eine unrichtige Auskunft (3), der Haftung eines Sachverständigen für eine falsche Grundstücksbewertung (4), der Haftung von Steuerberatern und Wirtschaftsprüfern (5) oder auch im sog. "Dienstleistungszeugnisfall" (6) konnte dem Schädiger allenfalls grobe Fahrlässigkeit, nie aber Vorsatz nachgewiesen werden.

Fragen der Exkulpationsmöglichkeit des Dienstherrn gem. § 831 BGB, der unterschiedlichen Verjährungsfristen im

----

1) BGH, NJW 1965, 1955; BGH, FamRZ 1977, 383; LG München, NJW 1983, 1621; OLG Hamm, MDR 1986, 1026
2) BGHZ 69, 82
3) BGH, WM 1974, 685
4) BGH, WM 1982, 762
5) BGH, NJW 1983, 1053; BGH, NJW-RR 1986, 1307; BGH, LM § 675 BGB Nr. 120
6) BGHZ 74, 281

Vertrags- und Deliktsrecht sowie der Haftung ohne Verschulden (z. B. gem. § 538 BGB) spielten ersichtlich bei der Rechtsprechung des Bundesgerichtshofs betreffend reine Vermögensschäden keine Rolle. Bei der neuen Fallgruppe war für die Hereinnahme ins Vertragsrecht ausschließlich der Umstand maßgebend, daß der Schutz reiner Vermögensschäden aufgrund Deliktsrecht grundsätzlich weit hinter jenem aus Vertragsrecht zurückbleibt.

2. Rechtsgrundlage

Nachdem sich gezeigt hat, daß die Beweggründe der Rechtsprechung unterschiedlich waren, je nachdem, ob über sog. "herkömmliche Sachverhalte" zu entscheiden war, oder aber über solche betreffend reine Vermögensschäden, ist von Interesse, ob beide Fallgruppen zumindest auf die gleiche Rechtsgrundlage gestützt wurden.

Zusammenfassend ist nochmals festzuhalten, daß Reichsgericht und Bundesgerichtshof die Sachverhalte betreffend Personen- und Sachschäden auf folgende Rechtsgrundlagen gestützt haben:

1. § 328 BGB (Vertrag zugunsten Dritter),
2. stillschweigende Vereinbarung eines Vertrags zugunsten Dritter,
3. § 328 BGB analog,
4. ergänzende Vertragsauslegung, § 157 BGB,
5. richterliche Rechtsfortbildung.

Die angegebenen Rechtsgrundlagen, mit Ausnahme derjenigen einer richterlichen Rechtsfortbildung, können einheitlich als rechtsgeschäftliche Lösungsversuche bezeichnet werden. Bei der Prüfung der Frage, ob ein Vertrag zugunsten Dritter, ausdrücklich oder stillschweigend, zustande gekommen sei, oder sonst die Vertragsparteien, hätten sie den Fall bedacht, eine entsprechende Regelung getroffen hätten (ergänzende Vertragsauslegung), kommt es stets darauf an, ob ein entsprechender Parteiwille ermittelt werden kann. Nun weist allerdings die Rechtsprechung in einigen Entscheidungen zu reinen Vermögensschäden ausdrücklich darauf hin, die Interessen des Gläubigers einerseits und des Dritten andererseits seien nicht, wie bisher beim Vertrag mit Schutzwirkung für Dritte, gleichläufiger Natur, sondern vielmehr gegenläufig gewesen (1). Es stellt sich sonach die Frage, ob diese Fälle mit rechtsgeschäftlichen Begründungen gelöst werden können. Deshalb soll zunächst untersucht werden, ob die Gerichte bei Ersatz reiner Vermögensschäden auf bereits bekannte Rechtsgrundlagen des Vertrags mit Schutzwirkung für Dritte zurückgegriffen oder neue genannt haben.

a) Anwaltsfälle

Im sog. "Testamentsfall" (2) führte der Bundesgerichtshof aus, daß der Vertrag des Erblassers mit seinem Rechtsanwalt "nicht als Vertrag zugunsten Dritter im eigentlichen Sinne des § 328 BGB" anzusehen sei, da der beklagte Anwalt nicht verpflichtet gewesen sei, seine Leistungen der Tochter des Erblassers zu erbringen. In der Literatur ist die Entscheidung, insbesondere in bezug auf ihre Begründung heftig umstritten (3), weil dem Anwalt hier die Nichterfüllung einer Hauptpflicht, nicht nur einer Nebenpflicht vorzuwerfen war. Der Anwalt hatte nämlich die seinem Mandanten geschuldete Hauptleistung, zwecks Errichtung eines öffentlichen

----

1) Vgl. z. B. BGH, LM § 675 BGB Nr. 120
2) BGH, NJW 1965, 1955; vgl. o. S. 47 f.
3) Abl. Böhmer, MDR 1966, 468; Kegel, Festschrift Flume I, S. 545 ff.

Testaments alsbald einen Notar vorbeizubringen, nicht schlecht, sondern gar nicht erbracht. Man ist sich allerdings einig, daß der Vertrag mit Schutzwirkung für Dritte nur Rechtsgrundlage bei sog. Schlechterfüllung ist.

Diese Unterscheidung wurde hier wohl überlagert durch die vom Bundesgerichtshof bestätigten Erwägungen des Berufungsgerichts (1), wonach "ein Notar bei gleichem Verhalten der Klägerin haften würde" (2). Dieser Vergleich ist, worauf Köndgen zu Recht hinweist, nicht unbedenklich, denn "von der Unabhängigkeit des Notars trennen den Anwalt jedenfalls Welten" (3).

Vorbehaltlos tritt dem Bundesgerichtshof hingegen von Caemmerer (4) mit der Begründung bei, die Beurteilung dürfe nicht anders ausfallen, als in dem Fall, daß der Anwalt beim Aufsetzen des Testaments einen Fehler macht, der zur Nichtigkeit führt, was als Schlechterfüllung zu werten wäre (5). Nach der Meinung von Caemmerers decke die Haftung für Schlechterfüllung und Nichterfüllung jedenfalls hier das gleiche Interesse, da bei mangelhafter Testamentserrichtung immer nur ein Vermögenszuwachs vereitelt wird, während in den sonstigen Fällen der Dritte in seinem bereits erworbenen Vermögen geschädigt wird.

Wenn also nach Meinung des Bundesgerichtshofs der drittschützende Vertrag "nicht als Vertrag zugunsten Dritter im

----

1) Worauf Lorenz, JZ 1966, 143 (144) hingewiesen hat

2) BGH, NJW 1965, 1955 (1956)

3) Köndgen, S. 372

4) Festschrift Wieacker, S. 311 (322)

5) Zust. Grunewald, BB 81, 581

eigentlichen Sinne des § 328 BGB anzusehen ist" (1), so sind weitere Hinweis auf die Rechtsgrundlage zu erwarten. Der Bundesgerichtshof prüft folgerichtig, ob ein Fall sog. "Verträge mit Schutzwirkung für Dritte" gegeben sei (2). Dieser Begriff wurde - wie bereits bemerkt - von Larenz (3) eingeführt und von Rechtsprechung und Literatur übernommen. Allein die Begriffsbildung weist darauf hin, daß der "Vertrag mit Schutzwirkung für Dritte" kein "Vertrag zugunsten Dritter im eigentlichen Sinne des § 328 BGB" ist. Der Bundesgerichtshof läßt letztlich unentschieden, ob "der vorliegende Sachverhalt mit dem Berufungsgericht in die Gruppe der Verträge mit Schutzwirkung für Dritte, so wie sie verstanden wird, einzuordnen ist" (4). Jedenfalls aber sei nach Sinn und Zweck des Vertrages zwischen dem Erblasser und dem beklagten Anwalt nach den Grundsätzen von Treu und Glauben die Annahme gerechtfertigt, daß dem Anwalt auch gegenüber der Klägerin eine vertragliche Sorgfaltspflicht oblag (5).

Das Oberlandesgericht Hamm führte in dem Fall der fehlgeschlagenen Ehelichkeitsanfechtungsklage (6) aus, der Anwalt habe "schuldhaft eine positive Vertragsverletzung begangen. Wegen dieser Vertragsverletzung haftet er der Klägerin, die gem. § 328 BGB in den Schutzbereich des Vertrages einbezogen war, auf Schadensersatz" (7). Dieser Hinweis klärt nicht, ob die Rechtsgrundlage in § 328 BGB gesucht werden muß oder ob ein eigenständiges, von § 328 BGB abgeleitetes Rechtsinstitut gemeint ist.

----

1) BGH, NJW 1965, 1955
2) AaO. S. 1957
3) NJW 1965, 1193
4) BGH, NJW 1965, 1955 (1956)
5) AaO.
6) MDR 1986, 1026
7) AaO. S. 1027

Das Landgericht München meinte in dem Fall, in dem Rechtsanwälte für verspätete Kündigung zu haften hatten: "Ob im Einzelfalle ein Dritter im Schutzbereich des Vertrages steht, ist im Wege ergänzender Vertragsauslegung nach dem Vertragszweck unter Berücksichtigung von § 242 BGB zu entscheiden." (1) Es ist zu vermuten, daß das Landgericht an § 157 BGB gedacht hat.

Den "Anwaltsfällen" ist gemeinsam, daß ausnahmslos nächste Familienangehörige einen Vermögensschaden erlitten hatten. Die "Fürsorgepflichten begründenden familiären Beziehungen" wurden entsprechend herausgestellt. Gleichzeitig verwies man aber auch auf den "Zweck des Mandatsvertrages". Typisch ist sonach bei den "Anwaltsfällen" die jeweilige Doppelbegründung.

b) Lastschriftfall

Im "Lastschriftfall" (2) führte der Bundesgerichtshof zur Rechtsgrundlage aus, der Schadensersatzanspruch könne unter dem Gesichtspunkt der Verletzung einer Schutzpflicht begründet sein. Schadensersatzansprüche aus Schutzpflichtverletzung würden im allgemeinen in Betracht kommen, wenn "ein zwischen zwei Parteien bestehendes Schuldverhältnis zwar den Anforderungen des § 328 BGB nicht genügt, aber eine Einbeziehung bestimmter Dritter in seinen Schutzbereich durch den Vertragszweck und wegen der erkennbaren Auswirkung der vertragsgemäßen Leistung auf sie nach Treu und Glauben geboten ist." (3)

----

1) NJW 1983, 1621

2) BGHZ 69, 62; vgl. o. S. 51 ff.

3) AaO. S. 85 f.

Hier wird immerhin klargestellt, daß das Gericht nicht von einem Vertrag zugunsten Dritter ausgeht, sondern ein eigenständiges Rechtsinstitut gemeint ist. Es wird verdeutlicht, daß der Dritte nur den Schutz des Vertragsverhältnisses genießen, jedoch nicht den Hauptleistungsanspruch fordern kann.

c) Auskunftshaftung

Haftet eine Bank wegen Erteilung falscher Auskunft, ist ein Auskunftsvertrag zwischen Anfragendem und Bank denkbar, so daß es drittberechtigender Konstruktionen nicht bedarf. Der Bundesgerichtshof hatte allerdings in dem "Schweinelieferantenfall" (1) über eine Auskunft zu entscheiden, die von dem Interessierten nicht direkt an die informierte Bank gerichtet wurde, sondern der Anfragende beauftragte seine eigene Bank, die Auskunft von einer anderen Bank einzuholen, so daß die Auskunftserteilung zwischen zwei Banken, jedoch für einen Bankkunden abgewickelt wurde, der mit der auskunfterteilenden Bank nicht in Geschäftsverbindung stand. Der Bundesgerichtshof meint, in diesem Falle liege ein "Auskunftsvertrag zugunsten Dritter" vor (2).

Im Falle der Haftung eines öffentlich bestellten und vereidigten Sachverständigen nach Anfrage durch den dänischen Konsul (3) stellte der Bundesgerichtshof vor allem darauf ab, daß der anfragende Konsul dem Gutachter gegenüber zu erkennen gegeben habe, seine sachverständige Äußerung werde für die Entscheidung über die Kreditvergabe, sonach als Grundlage für schwerwiegende Dispositionen, benötigt (4).

----

1) WM 1974, 685
2) AaO. S. 686
3) WM 1982, 762 (763)
4) AaO. S. 763

Zur Haftung eines Steuerberaters aus Erstattung eines fehlerhaften Rechtsgutachtens im Auftrag einer GmbH (1) meinte der Bundesgerichtshof, es komme darauf an, daß das Gutachten von der Gesellschaft in Auftrag gegeben worden sei, "um die Gesellschafter vor den steuerlich nachteiligen Folgen der Annahme einer verdeckten Gewinnausschüttung zu bewahren" (2), wie dem Steuerberater erkennbar gewesen sei.

Zur Haftung eines Wirtschaftsprüfers gegenüber einer Bank wegen unrichtiger Kreditauskunft führte der Bundesgerichtshof (3) aus, die vertragsgemäß beabsichtigte Verwendung von Gutachten, Testaten und Auskünften als Kreditunterlage bei einem Dritten könne durchaus geeignet sein, Schutzwirkungen für den Dritten zu erzeugen. Für eine Einbeziehung in den Schutzzweck spreche dann "allein schon die objektive Interessenlage der Beteiligten" (4). Interessant ist der weitere Hinweis des Bundesgerichtshofs, die Vertragsparteien könnten, und zwar auch dann, wenn es ihnen nicht um das Wohl und Wehe eines Dritten geht oder gehen muß, diesen Dritten in den Schutzbereich ihres Vertrages ausdrücklich oder stillschweigend einbeziehen, weshalb der außen zutage getretene Wille der Vertragschließenden gem. §§ 133, 157 BGB festzustellen sei (5). Für die Prüfung, ob ein stillschweigender Vertragsabschluß zustande gekommen ist, sei letztlich entscheidend, ob "die Gesamtumstände unter Berücksichtigung der Verkehrsauffassung und des Verkehrsbedürfnisses dem Schluß zulassen, die Auskunft habe Gegenstand vertraglicher Rechte

----

1) BGH, NJW 1983, 1053
2) AaO. S. 1054
3) NJW-RR 1986, 1307
4) AaO.
5) AaO.

und Pflichten sein sollen" (1), worauf der Bundesgerichtshof schon bei ähnlicher Fallgestaltung hingewiesen hatte (2).

Im "Dienstleistungszeugnisfall" (3) sah sich der Bundesgerichtshof veranlaßt, seine Ausführungen zur Rechtsgrundlage zu vertiefen. Er griff kurz die Ausführungen des vorentscheidenden Berufungsgerichts zu "außervertraglichen Sonderverbindungen" und allgemeinen "sozialen Kontakten" auf, meinte aber, es handle sich letztlich um Auskunftshaftung. § 676 BGB stehe schuldrechtlicher Haftung nicht entgegen, da die Erteilung des Dienstzeugnisses weder eine reine Gefälligkeit noch eine unentgeltliche Leistung des Arbeitgebers sei. Schließlich sei letzterer verpflichtet, dem Arbeitnehmer bei Ausscheiden aus dem Arbeitsverhältnis ein Zeugnis auszustellen.
"Wesen und Aufgabe des Dienstzeugnisses könnten nahelegen, eine unmittelbare Begünstigung des Dritten (§ 328 Abs. 1 BGB), den es angeht, aus der zum Gesamtkomplex des Dienstvertrags gehörenden Vereinbarung über die Ausstellung eines Dienstzeugnisses anzunehmen. Einer solchen ergänzenden Auslegung könnte indessen der Umstand entgegen stehen, daß der ausscheidende Arbeitnehmer mitunter gerade an einer Unrichtigkeit des Zeugnisses zu seinen Gunsten interessiert sein kann..." (4).
Sodann folgen Ausführungen des Bundesgerichtshofs zum "Verkehrs"-Wert des Arbeitszeugnisses, der nur durch eine bestimmte Mindestgarantie unerlässlicher Richtigkeit wenigstens in seinem Kern erreicht werde. "Diese Mindestgewähr, die sich nicht mit einem Anspruch des Dritten auf ein richtiges Zeugnis deckt, muß nach Treu und Glauben zunächst

----

1) NJW-RR 1986, 1307 (1308)
2) BGH, NJW 1986, 180
3) BGHZ 74, 281; vgl. o. S. 64 f.
4) BGH, aaO. S. 289 f.

eine Einstandspflicht des Ausstellers dafür beinhalten, daß der Dritte durch eine bewußte Unrichtigkeit des Zeugnisses keinen Schaden erleidet" (1).

Es zeigt sich hier, daß "stillschweigender Vertragsabschluß" und "ergänzende Auslegung" trotz gegenläufiger Interessen der Vertragsparteien einerseits, des Dritten andererseits, nach Meinung des Bundesgerichtshofs geeignet sein sollen, drittschützende Auskunftshaftung, die auf Ersatz reiner Vermögensschäden geht, hinreichend rechtlich zu begründen.

Allerdings scheint darin ein Widerspruch zu liegen. Einerseits wird erkannt und klar ausgesprochen, daß man es mit einem Fall "gegenläufiger Interessen" zu tun hat, wo es dem Vertragsgläubiger durchaus nicht um das Wohl und Wehe eines Dritten geht, andererseits meint der IV. Senat des Bundesgerichtshofs, es sei der "nach außen zutage getretene Wille der Vertragschließenden gem. §§ 133, 157 BGB" festzustellen (2). Danach drängt sich allerdings die Frage auf, welcher "Wille" der Vertragsparteien wohl zugunsten des Dritten vorgelegen haben mag, wenn es ihnen ersichtlich nicht um das Wohl und Wehe des Dritten ging, sondern sie - im Gegenteil - ganz andere Interessen verfolgten.

Nur ein halbes Jahr später entschied derselbe Senat des Bundesgerichtshofs, daß ein Steuerberater bei der Erteilung von Testaten Dritten gegenüber für deren Richtigkeit einzustehen habe, da die schriftliche Auskunft des Steuerberaters (hier: Zwischenabschluß) "als Entscheidungsgrundlage für einen Dritten - entweder den Käufer oder einen

----

1) BGHZ 74, 281 (290)
2) BGH, NJW-RR 1986, 1307

Kreditgeber - bestimmt" war (1). Es sei dabei unerheblich, daß die Interessen des Käufers oder Kreditgebers auf der einen und der Mandantin des Steuerberaters auf der anderen Seite gegenläufig gewesen seien. Zwar habe der Bundesgerichtshof "in einer Reihe von Entscheidungen die Einbeziehung eines Dritten in den Schutzbereich eines Vertrages davon abhängig gemacht, ob Wohl und Wehe des Dritten dem Vertragspartner des Schutzpflichtigen anvertraut waren" (2), diese Rechtsprechung dürfe "jedoch nicht dahin verstanden werden, daß mit ihr Grenzen für die Einbeziehung Dritter in den Schutzbereich eines Vertrages gezogen werden sollten. Vielmehr wollte der Bundesgerichtshof lediglich die Frage entscheiden, unter welchen Voraussetzungen allein aufgrund der objektiven Interessenlage - also ohne einen konkreten Anhaltspunkt in ausdrücklichen Parteierklärungen oder im sonstigen Parteiverhalten - die stillschweigende Vereinbarung einer Schutzpflicht für Dritte anzunehmen ist. Nach § 328 BGB steht es den Vertragschließenden frei, eine Leistungspflicht zugunsten eines Dritten zu begründen... Das gleiche muß für Schutzpflichten gelten. Den Vertragsparteien ist es daher unbenommen, eine Schutzpflicht auch zugunsten von solchen Personen zu begründen, die nicht ihrer Fürsorge anvertraut sind. Ob ein solcher rechtsgeschäftlicher Wille besteht, hat der Tatrichter nach allgemeinen Auslegungsgrundsätzen zu ermitteln..." (3).

Auf die Frage, ob die Vertragsparteien Dritte in den Schutzbereich des Vertrages einbeziehen wollten, möchte man antworten: sicherlich nicht. Aufgrund der Rechtsprechung des Bundesgerichtshofs müssen sie eine Einbeziehung Dritter in den Schutzbereich des Vertrages möglicherweise dulden, aber

----

1) BGH, LM § 675 BGB Nr. 120
2) AaO. Bl. 1241
3) AaO. Bl. 1241 f.

daß sie dieses Ergebnis im Sinne rechtsgeschäftlicher Selbstbestimmung "gewollt" haben, kann man bestimmt nicht behaupten. Also haben die Gerichte wohl im Interesse des Vertrauensschutzes dem objektiven Erklärungswert die entscheidende Bedeutung beigemessen, hingegen nicht so sehr auf die innere Absicht der Parteien abgestellt.

Es fällt demnach auf, daß - trotz klar erkannter gegenläufiger Interessen - die rechtsgeschäftlichen Begründungsversuche, §§ 133, 157 BGB, keineswegs durch andere Rechtsgrundlagen abgelöst sind. Grundlegend geändert hat sich aber die Begründung, wie eine rechtsgeschäftliche Einbeziehung des Dritten zustande kommen könne. Der Bundesgerichtshof stellt nicht mehr - wie früher - auf ein persönliches "Interesse" des Gläubigers an dem Dritten, also auf seinen drittschützenden Willen ab, sondern auf "die objektive Interessenlage der Beteiligten" (1).

Die Frage ist sonach, ob eine vertragliche Einbeziehung grundsätzlich zustande kommt, wenn der subjektive Wille der Parteien gerade nicht dahin geht, den Dritten unter den Schutz ihres Vertrages zu stellen. Hier handelt es sich um Grundprobleme der Rechtsgeschäftslehre, die, vereinfacht ausgedrückt, Willenserklärungen in ein objektives (Erklärung) und ein subjektives Element (Wille) unterscheidet. Die Rechtsordnung knüpft ihre Folgen primär an die Erklärung als den sichtbaren Teil, berücksichtigt aber gleichzeitig, ob dahinter ein sie deckender Wille steht, womit dem Gedanken der Privatautonomie als Ausfluß der Selbstbestimmung im Vertragsrecht Rechnung getragen wird.

----

1) z. B. NJW-RR 1986, 1307

Anhand der dargestellten Argumentation des Bundesgerichtshofs zeigt sich jedenfalls, daß die Rechtsprechung dem objektiven Erklärungswert im Interesse des Vertrauensschutzes und der Rechtssicherheit im geschäftlichen Verkehr die höhere Bedeutung beimißt, um nicht zu sagen, daß sie das subjektive Element der Willenserklärung, nämlich den inneren Parteiwillen, ganz vernachlässigt. Wenn der Bundesgerichtshof ausdrücklich allein auf die "objektive Interessenlage - also ohne einen konkreten Anhaltspunkt in ausdrücklichen Parteierklärungen oder im sonstigen Parteiverhalten" (1) abstellt, so kann er deutlicher nicht mehr herausstellen, daß es ihm einzig auf den objektiven Erklärungswert ankommt.

Zusammenfassend ist festzustellen, daß selbst in den jüngst, also den zum Ersatz reiner Vermögensschäden ergangenen Entscheidungen, alle "bekannten" Rechtsgrundlagen (2) angeführt wurden. In einigen Entscheidungen (3) wurde aber auf "Schutzpflichten" verwiesen, wobei es in diesen Fällen an einem "personenrechtlichen Einschlag" - auch im weitesten Sinne - fehlte und wohl deshalb von allen willensbezogenen Begründungsmöglichkeiten Abstand genommen wurde.

Überraschenderweise läßt sich nicht feststellen, daß ab einem bestimmten Zeitpunkt die bisherige Begründung fallen gelassen, die andere dann bis zu neueren Erkenntnissen ausnahmslos bevorzugt worden wäre. Statt dessen scheint es, als könne die Rechtsprechung sich nicht so recht entscheiden, welche Begründung erforderlich wäre, damit endlich das Rechtsinstitut des Vertrags mit Schutzwirkung für Dritte auf eine einheitliche Rechtsgrundlage gestellt werden kann.

----

1) BGH, LM § 675 BGB Nr. 120 Bl. 1241 f.

2) Vgl. oben S. 70

3) Z. B. BGHZ 75, 321 (324); BGHZ 69, 82

Immerhin läßt sich aber folgende Aussage treffen: In denjenigen Fällen, in denen es an einem "personenrechtlichen Einschlag" zwischen Gläubiger und Drittem nicht fehlt (1), wurde die Drittberechtigung mit § 328 Abs. 1 BGB (2) oder mit ergänzender Vertragsauslegung (3), also rechtsgeschäftlich, begründet. Wo es an einem "personenrechtlichen Einschlag" auch im entferntesten mangelt, wie z. B. im "Lastschriftfall" des Bundesgerichtshofs (4), wurde auf "Schutzpflichten" verwiesen. Zur Begründung der "Auskunftshaftung" nahm der Bundesgerichtshof einen "Auskunftsvertrag zugunsten Dritter" (5) an unter Hinweis auf den "Vertragszweck" (6). Im Bereich der Haftung von Wirtschaftsprüfern und Steuerberatern wurde trotz eindeutig fehlenden personenrechtlichen Einschlags eine Begründung mit "stillschweigender Vereinbarung" vom Bundesgerichtshof keineswegs beanstandet, jedoch gleichzeitig darauf hingewiesen, entscheidend seien letztlich allein "die Gesamtumstände unter Berücksichtigung der Verkehrsauffassung und des Verkehrsbedürfnisses" (7). Noch deutlicher nahm der Bundesgerichtshof von einer Begründung mit dem "Interesse" des Gläubigers an dem Dritten Abstand in seinem "Dienstleistungszeugnisfall" (8), wo er ausdrücklich darauf hinwies, einer "ergänzenden Auslegung könnte indessen der Umstand entgegen stehen, daß der ausscheidende Arbeitnehmer mitunter gerade an einer Unrichtigkeit des Zeugnisses zu seinen Gunsten interessiert sein kann..." (9). Es wurde

----

1) Gemeint sind die "Anwaltsfälle", vgl. o. S. 47 ff.

2) BGH, NJW 1965, 1955; OLG Hamm, MDR 1986, 1026

3) LG München, NJW 1983, 1621

4) BGHZ 69, 82

5) BGH, WM 1974, 685

6) Vgl. z. B. BGH, NJW 1983, 1053; BGH, NJW-RR 1986, 1307

7) BGH, NJW-RR 1986, 1307

8) BGHZ 74, 281

9) AaO. S. 289 f.

also ganz klar erkannt, daß mit einer Begründung, die auf das Gläubigerinteresse abstellt, hier nicht weiterzukommen war. Deshalb begründete der Bundesgerichtshof die Entscheidung letztlich mit einer "Einstandspflicht" des Ausstellers (1).

3. Geschützter Personenkreis

Nach der Rechtsprechung des Reichsgerichts, die vom Bundesgerichtshof bei ähnlich gelagerten Sachverhalten weiterentwickelt wurde, sollte Drittschutz genießen, wem der Vertragsgläubiger zu gesetzlicher Fürsorge verpflichtet war, wie der Vater gegenüber seinen Familienangehörigen, der Unternehmer gegenüber seinen Arbeitnehmern, oder der Hauseigentümer gegenüber seinen Mietern. Man nahm an, der Vertragsgläubiger habe ein besonderes "Interesse" an der Unversehrtheit der Rechtsgüter des Dritten, weil ihm dessen "Wohl und Wehe" anvertraut sei. Diese Bindung des Gläubigers zu dem Dritten, bezeichnet als sog. "personenrechtlicher Einschlag", galt als unerlässliches Tatbestandsmerkmal des "Vertrags mit Schutzwirkung für Dritte", bis der Bundesgerichtshof erstmals im sog. "Lastschriftfall" (2) ausdrücklich und damit ganz bewußt auf dieses Erfordernis verzichtete. Damit schienen die Grenzen des drittgeschützten Personenkreises vollkommen unscharf geworden zu sein. Es bleibt daher zu untersuchen, ob die Rechtsprechung hiernach noch in der Lage ist, abzugrenzen, wem vertragliche Drittschutzansprüche zustehen sollen.

----

1) BGHZ 74, 281 (290)
2) BGHZ 69, 82

In den sog. "Anwaltsfällen" kamen ausschließlich nächste Familienangehörige, nämlich Kinder des jeweiligen Mandanten und Vertragsgläubigers, in den Genuß des drittschützenden Vertrages (1).

Im Bereich der Auskunftshaftung muß der Drittberechtigte noch nicht einmal namentlich genannt sein, es reicht aus, wenn er nur bestimmbar ist (2). Es kommt nach Meinung des Bundesgerichtshofs vielmehr auf den Zweck der Anfrage an. Wenn darin gleichzeitig die von dem Ausfall der Auskunft abhängig gemachten erheblichen wirtschaftlichen Dispositionen des anfragenden Kunden oder auch Nicht-Kunden der Bank genannt sind, gehört der Anfragende zu dem drittgeschützten Personenkreis (3). Drittschutz kann also grundsätzlich genießen, wer als Bankkunde bei seiner eigenen Bank anfragt, oder wer seine eigene Bank beauftragt, für ihn eine Auskunft bei einer anderen Bank, deren Kunde er nicht ist, einzuholen.

Im Bereich der sog. "Berufshaftung" (4) hat der Bundesgerichtshof den zukünftigen Kreditgeber unter den Schutzbereich des Vertrages zwischen dem Kreditsuchenden einerseits und dem Sachverständigen (5), Wirtschaftsprüfer (6) oder Steuerberater (7) andererseits gestellt. In all diesen

----

1) Vgl. z. B. BGH, NJW 1965, 1955; LG München I, NJW 1983, 1621; OLG Hamm, MDR 1986, 1026
2) BGH, WM 1974, 685 (686)
3) BGH, aaO.
4) Begriff nach Hopt, Berufshaftung und Berufsrecht, in FS Robert Fischer, 1979, 237 (251 ff.); sowie Hopt, Nichtvertragliche Haftung, AcP 183 (1983), 634 ff.
5) BGH, WM 1982, 762
6) BGH, NJW-RR 1986, 1307
7) BGH, LM § 675 BGB Nr. 120

Fällen könne nur entweder ein Käufer oder ein Kreditgeber durch eine falsche Auskunft geschädigt werden, der sonach in den Schutzbereich des Vertrages einzubeziehen sei, wenn dem Angefragten erkennbar war, daß die Ausarbeitung (hier: des Zwischenabschlusses) entweder für einen Käufer oder einen Kreditgeber, möglicherweise eine Bank, bestimmt sein sollte. Dem Schutzpflichtigen müsse aber weder die Zahl noch der Name der zu schützenden Person bekannt sein (1).

Im "Lastschriftfall" (2) hat der Bundesgerichtshof gar gemeint, die "mehr an Individualvereinbarungen entwickelten Grundsätze" (3), wonach bisher ein personenrechtlicher Einschlag verlangt wurde, seien unnötig eng, wenn es sich um Massengeschäfte eines bestimmten Typs mit einem einheitlich praktizierten Verfahren handle, das dem Rechtsverkehr in großem Stile unter Inanspruchnahme des Vertrauens auf sach- und interessengerechte Abwicklung angeboten wird. Eine Einbeziehung Dritter in den Schutzbereich komme dann in Betracht, wenn das Verfahren für den Dritten, der sich dessen bedient, bestimmte verfahrenstypische Risiken in sich berge und den mit der Durchführung betrauten Verfahrensbeteiligten ohne weiteres zugemutet werden könne, diese Risiken klein zu halten (4). Hat der Bundesgerichtshof zwar einerseits das Erfordernis eines "personenrechtlichen Einschlags" als zu eng bezeichnet, so muß andererseits angezweifelt werden, ob mit der angegebenen Definition eine sachgemäße Eingrenzung des zu schützenden Personenkreises möglich ist. Der Bundesgerichtshof läßt sogar im Dunkeln, welche "Massengeschäfte eines bestimmten Typs" er meint, soweit außer dem Lastschriftverfahren noch weitere Massengeschäfte in Betracht

----

1) BGH, LM § 675 BGB Nr. 120 Bl. 1242
2) BGHZ 69, 82
3) AaO. S. 86
4) AaO.

kommen sollten. Dabei wies der Bundesgerichtshof gerade in dieser Entscheidung darauf hin, daß man bisher einen sog. "personenrechtlichen Einschlag" gefordert habe, "um eine Ausuferung von Ansprüchen dieser Art in nicht mehr kalkulierbarem Umfange zu vermeiden und eine Grenze zu halten, jenseits deren der Schutz Dritter auf das Recht der unerlaubten Handlungen beschränkt bleiben muß" (1).

4. Vergleich zu den herkömmlichen Fallgruppen - Ergebnis

Augenscheinlich hatte sich die mit dem Vertrag mit Schutzwirkung für Dritte befaßte Rechtsprechung zunächst mit Schadensersatzansprüchen nächster Verwandter des Gläubigers, z. B. der Ehefrau oder der Kinder (2) zu beschäftigen, wobei die Begründung, daß ein Fürsorgewille des Familienvaters für Ehefrau und Kinder anzunehmen sei, einleuchtete. Die gesetzliche Fürsorgepflicht des Arbeitgebers gegenüber dem Arbeitnehmer gem. § 618 BGB und die Sorgfaltspflicht des Vermieters gegenüber dem Mieter wurden in einen Fürsorge<u>willen</u> umgedeutet. Da der Vertragsgläubiger, ob Familienvater, Arbeitgeber oder Vermieter, für das Wohl und Wehe dieser Personen mit verantwortlich sei, habe er ein Interesse daran, daß die seinem Schutz anvertrauten Personen nicht durch Sorgfaltsverletzungen des Vertragsgegners geschädigt würden (3). Hier zeigt sich schon, daß zunächst verwandtschaftliche Beziehungen zugrunde lagen, während der Arbeitgeber dem Arbeitnehmer und der Vermieter dem Mieter jeweils nur vertraglich verbunden sind. Hinzu kommt allerdings bei

----

1) BGHZ 69, 82 (86)

2) Vgl. z. B. die Beförderungsfälle oder Arztbehandlungsfälle, o. S. 14 ff.

3) BGH, VersR 1956, 1009

den genannten vertraglichen Beziehungen eine besondere gesetzliche Sorgfalts- und Obhutspflicht, die z. B. in § 618 BGB zum Ausdruck kommt.

Bei Durchsicht der Fallgruppen, die den Ersatz reiner Vermögensschäden zum Gegenstand hatten, fällt auf, daß - zumindest soweit aus der Erteilung von Auskünften oder Erstellung von Gutachten und Testaten gehaftet wird - die Interessen des Gläubigers sich mit denjenigen des Dritten, in der Regel des potentiellen Kreditgebers oder Kaufinteressenten keineswegs decken, sondern sogar gegenläufiger Natur sind. Der Regelfall ist, daß ein Kreditsuchender seinen Steuerberater oder Wirtschaftsprüfer beauftragt, eine als Kreditunterlage dienende Auskunft über seine Bonität zu erstellen, um diese verschiedenen Banken vorzulegen (1), oder der Eigentümer eines Kunstgegenstandes beauftragt einen Sachverständigen mit der Erstellung einer Expertise zur Vorlage an mögliche Käufer. Während der Bankkunde grundsätzlich interessiert ist, daß seine Kreditwürdigkeit in möglichst günstigem Lichte erscheint, da er andernfalls keine Aussicht auf den begehrten Kredit hat, ist für die schließlich kreditgewährende Bank wichtig, daß die dem Kreditnehmer bestätigten Sicherheiten zu dem angegebenen Wert tatsächlich vorhanden sind, um in Konkurs oder Zwangsversteigerung des Kreditnehmers nicht teilweise auszufallen. Der Kreditsuchende wird andererseits in der Regel danach streben, einen höheren Kredit zu erhalten, als ihm entsprechend seinen Sicherheiten zustünde.

Waren in den herkömmlichen Fallgruppen die Interessen von Gläubiger und Drittem gleichläufig, so sind sie hier gar gegenläufiger Natur. Dies muß allerdings nicht auf alle Fälle,

----

1) Vgl. z. B. BGH, NJW-RR 1986, 1307

die sich mit dem Ersatz reiner Vermögensschäden befaßt haben, zutreffen. Im sog. "Testamentsfall" (1) ergab es sich, daß der Erblasser ein Testament zugunsten seiner leiblichen Tochter errichten lassen wollte. Der Bundesgerichtshof begründete den Schadensersatzanspruch der Erbin gegen den Rechtsanwalt u. a. damit, daß die Klägerin "das einzige noch lebende Kind des Erblassers" gewesen sei, und er daher einen Fürsorgewillen des Erblassers annehme (2). Es stellt sich somit die Frage, ob der Bundesgerichtshof den Fall anders entschieden hätte, wenn das Testament zugunsten einer nicht verwandten Person errichtet werden sollte. Da in den Gründen der Entscheidung aber auch ausgeführt wird, die Erstreckung des Drittschutzes müsse sich "gerade auch insoweit aus Sinn und Zweck des Vertrages unter Berücksichtigung der Grundsätze von Treu und Glauben rechtfertigen" (3) darf man annehmen, die Entscheidung wäre bei fehlender verwandtschaftlicher Beziehung im Ergebnis nicht anders ausgefallen, da der Zweck des Anwaltsvertrages doch ein gleicher gewesen wäre. Zu Zweifeln gibt lediglich der Umstand Anlaß, daß tatsächlich ein vergleichbarer Fall mit Schutzwirkung zugunsten dritter, nicht verwandter Personen nicht bekannt ist.

In dem vom Landgericht München I entschiedenen Fall, dem eine verspätete, von Rechtsanwälten ausgesprochene Wohnungskündigung zugrunde lag (4), war die Sachlage so, daß Gläubigerin des Anwaltsvertrages die Mutter, Geschädigte jedoch durch zwischenzeitlichen Eigentümerwechsel des Mietobjekts die Tochter war. Auch hier drängt sich die Frage auf, ob der Fall anders entschieden worden wäre, wenn das Mietobjekt nicht an die Tochter der Mandantin verschenkt, sondern an einen fremden Dritten verkauft worden wäre und der Dritte in

----

1) BGH, NJW 1965, 1955

2) AaO. S. 1957

3) AaO.

4) NJW 1983, 1621

gleicher Weise wegen der verspäteten Kündigung zwischenzeitlich eine andere Wohung hätte anmieten müssen. Da das Ergebnis der Entscheidung einerseits mit "Fürsorgepflichten begründenden familiären Beziehungen", andererseits dem "den Beklagten bekannten Zweck des Mandatsvertrages" begründet wurde, bleibt diese Frage unbeantwortet.
Im Falle der fehlgeschlagenen Ehelichkeitsanfechtungsklage aus Verschulden des beauftragten Rechtsanwalts (1) entnimmt das Gericht einer "an den §§ 133, 157 BGB orientierten Auslegung" des Mandatsvertrages, daß der Mandant seine leibliche Tochter begünstigen wollte, die bei erfolgreicher Anfechtungsklage erbrechtlich besser gestellt worden wäre. Für eine solche Auslegung spreche, "daß sich der Vater seiner leiblichen Tochter verbunden fühlte" (2).

Nach Meinung des Gerichts entfalte ein Anwaltsvertrag in der Regel keine Schutzwirkung zugunsten Dritter, da er durch das besondere Vertrauensverhältnis zwischen Mandant und Rechtsanwalt bestimmt werde. Von diesem Grundsatz sei jedoch dann eine Ausnahme zu machen, wenn die Tätigkeit des Rechtsanwalts "auch und gerade dem Dritten zu dienen bestimmt war und der Rechtsanwalt von einer solchen Erwartung des Mandanten Kenntnis hatte" (3). Hier ist aber erkennbar der Vertragszweck angesprochen.

Es zeigt sich, daß in allen erwähnten Anwaltsfällen die Interessen von Gläubiger und Drittem nicht gegenläufiger, sondern gleicher Natur waren. Eine Besonderheit gegenüber den herkömmlichen Fallgruppen ist die "zweigleisige Begründung", einerseits ein Abstellen auf Fürsorgepflichten begründende familiäre Beziehungen, andererseits auf den Zweck

----

1) OLG Hamm, MDR 1986, 1026
2) AaO. S. 1027
3) AaO. S. 1026

des Mandatsvertrages. Bislang bleibt deshalb ungeklärt, ob die Berufung auf Fürsorgepflichten begründende familiäre Beziehungen nur dazu dienen sollte, die kontinuierliche Fortsetzung bereits gefestigter Rechtsprechung anzuzeigen, oder ob diese Fälle tatsächlich bei fehlenden verwandtschaftlichen Banden zwischen Gläubiger und Drittem anders entschieden worden wären. Jedoch erscheint es ganz einfach ausgeschlossen, daß solche Sachverhalte nur unter gleichzeitiger Beteiligung enger Verwandter auftreten könnten. Beispielsweise könnte der Erblasser ein Testament zugunsten seiner Geliebten errichten wollen, die er erst kurze Zeit kannte; im Falle zu später Wohnungskündigung durch beauftragte Rechtsanwälte könnte eine völlig fremde Person, beispielsweise ein Käufer des vermieteten Hauses, geschädigt werden. Bei fehlgeschlagener Ehelichkeitsanfechtungsklage, zugegebenermaßen, wird aufgrund gesetzlicher Erbfolge nur die Verwandtschaft betroffen, allerdings die Verwandtschaft "im weitesten Sinne", während nach bisheriger Rechtsprechung drittschützende Wirkung in der Regel nur Ehegatten und Kinder genießen.

Auf das Merkmal des personenrechtlichen Einschlags, bislang zumindest mit erwähnt, verzichtete der Bundesgerichtshof erstmals ausdrücklich in dem sog. "Lastschriftfall" (1). Er wies sogar darauf hin, es seien die Grundsätze, nach denen ein personenrechtlicher Einschlag verlangt werde, "unnötig eng, wenn es sich - wie hier - um Massengeschäfte eines bestimmten Typs mit einem einheitlich praktizierten Verfahren handelt, das dem Rechtsverkehr in großem Stile unter Inanspruchnahme des Vertrauens auf sach- und interessengerechte Abwicklung angeboten wird" (2).

----

1) BGHZ 69, 82

2) AaO. S. 86

Es scheint aber, als habe ein anderes Merkmal - das der Vorhersehbarkeit der Dritthaftung für den Schuldner - an Bedeutung gewonnen:
"Die vertragsgemäß beabsichtigte Verwendung von Gutachten, Testaten und Auskünften als Kreditunterlage bei einem Dritten kann durchaus geeignet sein, Schutzwirkung für den Dritten zu erzeugen"; es komme auf die objektive Interessenlage an (1).
Eine Bank hafte für die Richtigkeit der erteilten Auskunft, wenn in der Anfrage gleichzeitig die von dem Ausfall der Auskunft abhängig gemachten erheblichen wirtschaftlichen Dispositionen des Kunden genannt sind (2).

In solchen Fällen der Auskunfts- oder Gutachtenserteilung hat die Rechtsprechung vor allem darauf abgestellt, daß der Schuldner der zu erbringenden Leistung davon auszugehen habe, nicht nur seinem Auftraggeber gegenüber für die Richtigkeit einstehen zu müssen. War bisher maßgeblich das Verhältnis des Gläubigers zu dem Dritten, so deutet sich jetzt eine Tendenz an, mehr auf das Verhältnis der Vertragsparteien zueinander abzustellen.

----

1) BGH, NJW-RR 1986, 1307

2) BGH, WM 1974, 685

5. Verzicht auf das Merkmal des personenrechtlichen Einschlags

Im großen und ganzen hat es den Anschein, als ob die Rechtsprechung auf das Erfordernis eines "personenrechtlichen Einschlags" zwischen Gläubiger und Drittem nach und nach verzichtet hat, seit sie aus Vertrag mit Schutzwirkung für Dritte auch reine Vermögensschäden für ersatzfähig ansah. Es ist daher zu untersuchen, ob das Merkmal der "Fürsorgepflicht" des Gläubigers für den Dritten infolge eines "personenrechtlichen Einschlags" nur in den Fällen betreffend den Ersatz reiner Vermögensschäden entbehrlich ist, oder ob es ggf. schon früher, bei den herkömmlichen Sachverhalten, gar nicht so sehr darauf ankam, daß ein solches persönliches Interesse des Gläubigers an dem Dritten bestand. Würde letzteres zutreffen, dann wäre der Verzicht auf das Merkmal des personenrechtlichen Einschlags gar nicht so neu, was darauf hindeuten würde, daß die Rechtsprechung zum Ersatz reiner Vermögensschäden lediglich auf einer Weiterentwicklung der vom Reichsgericht übernommenen Judikatur beruht.

Im sog. "Saalmietefall" (1) stellte das Reichsgericht einen Schausteller, der durch die Benutzung des angemieteten Saales und der Bühne zu Schaden gekommen war, unter die Schutzwirkung des Vertrages zwischen dem Gastwirt und dem anmietenden SA-Sturm. In der Entscheidung fehlt jeder Hinweis auf Fürsorgepflichten begründende Beziehungen zwischen SA-Sturm und Schausteller, nicht einmal auf eine Obhutspflicht im weitesten Sinne wird abgestellt. Vielmehr meinte das Reichsgericht: "Daß die entsprechenden Ansprüche jeder an der Veranstaltung teilnehmenden Person unmittelbar

----

1) RGZ 160, 153

zustehen, entspricht dem Wesen dieses Vertrages" (1). Erkennbar wurde allein auf den Vertragszweck abgestellt. Da auf § 328 BGB als Rechtsgrundlage Bezug genommen ist, dürfte wohl das Reichsgericht angenommen haben, der SA-Sturm habe einen Vertrag zugunsten Dritter dergestalt abgeschlossen, daß jeder Teilnehmer an der Veranstaltung selbst die Hauptleistung - Benutzung des Saales und der Bühne - fordern könne.

Das Oberlandesgericht Hamburg ließ die beklagte Droschkengesellschaft dem vom Droschkenbesteller zur Mitfahrt eingeladenen (fremden) Fahrgast gegenüber vertraglich haften (2). Möglicherweise wurde auch hier ein Vertrag zugunsten Dritter im eigentlichen Sinne angenommen, wie es bei den sog. Beförderungsverträgen grundsätzlich streitig sein dürfte, ob es sich dabei um Verträge zugunsten Dritter oder nur mit Schutzwirkung für Dritte handelt (3).

Allerdings ist zwischenzeitlich eine moderne Variation der Beförderungsfälle mit Drittschutzwirkung hinzugekommen, der sog. Abschleppfall:
Der verbotswidrig geparkte Pkw des Klägers wurde auf Anweisung der Polizei durch einen Abschleppunternehmer weggebracht. Durch Fahrlässigkeit des Unternehmers wurde das Fahrzeug beschädigt. Der Bundesgerichtshof erkannte dem Falschparker einen unmittelbaren vertraglichen Schadensersatzanspruch gegen den Abschleppunternehmer zu, obgleich unstreitig der Abschleppvertrag zwischen der Polizei und dem Unternehmer zustande gekommen war (4).

----

1) RGZ 160, 153 (155)
2) OLG Rechtsprechung 23, 46
3) So Dahm, S. 19
4) BGH, NJW 1978, 2502

Der Bundesgerichtshof leitete aus der Auslegung des Abschleppvertrages zwischen der Polizei und dem Abschleppunternehmer einen Schadensersatzanspruch für den Falschparker her. Ein Interesse am Schutz des Falschparkers sah der Senat in der Tatsache, daß die Polizei vom Abschleppunternehmer den Abschluß einer sog. Hakenlast-Haftpflichtversicherung verlangt hatte. Daran zeige sich, daß die Polizei ein Interesse daran habe, eine schnelle und komplikationslose Abwicklung von Schadensersatzansprüchen der abgeschleppten Fahrzeughalter zu gewährleisten.
Eindeutig fehlt ein "personenrechtlicher Einschlag" im bisher verstandenen Sinne zwischen der Polizei und einem etwaigen Falschparker. Letztlich bleibt darauf hinzuweisen, daß die Einordung dieses Abschleppfalls im Drittschutzrecht durch den Bundesgerichtshof äußerst umstritten ist (1).

Das Oberlandesgericht München sprach einem verletzten Zuschauer Schadensersatz aus dem Vertrag zu, den die Stadt München mit dem Veranstalter eines Motorradrennens abgeschlossen hatte, und verwies auf "den Zweck des Vertrags, die Schadloshaltung der von Unfällen betroffenen Personen sicherzustellen" (2). Auch hier fehlt es an einer gesetzlichen Verpflichtung der Stadt München, für das "Wohl und Wehe" der Zuschauer einzustehen; dies schon deshalb, da Zuschauer beliebige Personen sein können, nicht nur Einwohner der Stadt, für die zumindest ein gewisses "Interesse", ihre Schadloshaltung bei Unfällen sicherzustellen, angenommen werden kann.

----

1) Vgl. z. B. Keitel, S. 31 ff.

2) OLG München, VersR 1951, 21

Ähnlich der neueren Rechtsprechung zur Haftung der Banken, Wirtschaftsprüfer und Sachverständigen hat bereits das Reichsgericht entschieden, daß der Aussteller einer schriftlichen - jedoch unrichtigen - Bescheinigung dem geschädigten Dritten, der sich auf deren Richtigkeit verläßt, haftet, wenn die Bestätigung in dem Bewußtsein ausgestellt wird, daß sie einem anderen gegenüber zu Beweiszwecken vorgelegt werden soll (1).

Es handelte sich dabei um folgenden Sachverhalt: Die Klägerin verhandelte im Frühjahr 1920 mit einem Holzhändler über den Ankauf von Waldbeständen und verließ sich dabei auf die Angabe in einer vom Holzhändler vorgelegten schriftlichen Bescheinigung, wonach die Waldbestände insgesamt 42 Morgen betragen sollten. Später stellte sich jedoch heraus, daß die Größe der Waldflächen nicht 42, sondern nur sechs Morgen betrug. Das Reichsgericht verurteilte den Aussteller der schriftlichen Bescheinigung zum Ersatz des der Klägerin entstandenen Schadens aus Vertragsrecht: "Wußte aber der Beklagte bei der Aushändigung des von ihm unterzeichneten Schriftstücks, daß K. es verwenden wollte, um dadurch bestimmte Tatsachen...nachzuweisen, so trat er dadurch zur Klägerin in ein Vertragsverhältnis, vermöge dessen er für die Richtigkeit der bescheinigten Angaben nach allgemeinen Rechtsgrundsätzen haftet... Es wird also zu prüfen sein, ob der Beklagte nach den Umständen des Falls - sei es im Sinne vertraglicher Gewähr oder kraft vertraglicher Auskunftserteilung - für den Inhalt der Bescheinigung...einstehen muß." (2).

Ein Interesse des die Bescheinigung verwendenden Holzhändlers für die Käuferin des bescheinigten Waldbestandes konnte keineswegs unterstellt werden, im Gegenteil waren die

----

1) Darauf hat Musielak, Haftung für Rat, Auskunft und Gutachten, S. 24, schon hingewiesen.

2) RGZ 114, 289

Interessen zwischen Gläubiger und Drittem gegenläufiger Natur. Eindeutig fehlte jeglicher personenrechtliche Einschlag. Allerdings dürfte das Reichsgericht wohl nicht an einen drittschützenden Vertrag im hier behandelten Sinne, sondern an einen Auskunftsvertrag gedacht haben, obgleich ein direkter vertraglicher Kontakt zwischen dem Aussteller der Bescheinigung und der Käuferin des Waldbestandes nicht behauptet wurde. Die Bescheinigung wurde vielmehr wie ein "verkehrsfähiges Testat" von dem Holzhändler mitgebracht und dem Interessenten vorgelegt.

Nach einem Urteil des Oberlandesgerichts Düsseldorf soll der Bauunternehmer aus einem Werkvertrag über die Errichtung einer Kommunmauer auch gegenüber den anbauberechtigten Nachbarn für deren fehlerhafte Herstellung aus Vertrag mit Schutzwirkung zugunsten Dritter haften (1). Nach Meinung des Gerichts bewirkt bereits das nachbarliche Gemeinschaftsverhältnis eine gegenseitige Schutz- und Fürsorgepflicht (2).

Zur Geschäftsraummiete hat der Bundesgerichtshof entschieden, daß die Eigentümer von Gegenständen, die ein Mieter von Geschäftsräumen bzw. Lagerräumen befugt für Zwecke seines Geschäftsbetriebes in den gemieteten Räumen unterbringt, wegen Schäden an diesen Sachen in den Schutzbereich des Mietvertrages einbezogen sind (3).
Im sog. "Rauchrohröffnungsfall" (4) war in gemieteten Geschäftsräumen wegen eines Mangels der Mietsache ein Brand ausgebrochen, wodurch die Warenvorräte, welche nicht Eigentum der Mieterin waren, vernichtet wurden. Der Bundesgerichtshof sprach der geschädigten Eigentümerin

----

1) NJW 1965, 539 m. Anm. Hodes
2) Abl. Hodes, aaO.
3) BGHZ 49, 350; BGH, JZ 1970, 375
4) BGHZ 49, 350

Schadensersatz nach Drittschutzgrundsätzen zu, da die Sachen sich berechtigterweise in den Mieträumen befanden (1). Der Vermieter von Geschäftsräumen müsse nämlich "bei dem Umfang, den im Geschäftsleben Sicherungsübereignung und Eigentumsvorbehalt angenommen haben, stets damit rechnen, daß die vom Mieter eingebrachten Sachen, insbesondere Waren, nicht diesem, sondern einem Dritten gehören" (2). Nun findet sich in diesem Fall zwar die Besonderheit, daß die Mieterin und die Eigentümerin der Warenvorräte leibliche Schwestern waren, jedoch hat der Bundesgerichtshof zwischen Geschwistern noch nie eine drittschutzauslösende Fürsorgepflicht im hier verstandenen Sinne gesehen.
Knapp zwei Jahre später bestätigte derselbe Zivilsenat des Bundesgerichtshofs die vorerwähnte Rechtsprechung zur Geschäftsraummiete bei ähnlicher Sachlage. Eine Firma hatte Räume zur gewerbsmäßigen Einlagerung fremder Waren gemietet. Der Bundesgerichtshof sprach den Einlagerern Ersatz ihrer in den Lagerräumen zu Schaden gekommenen Sachen zu mit der Begründung, daß bei gewerbsmäßiger Lagerhaltung von vornherein Klarheit darüber bestanden habe, es würden nicht nur Sachen dieser Firma, sondern auch solche der Kunden in dem vermieteten Keller aufbewahrt (3). Auf die vorerwähnte Entscheidung (4) wurde ausdrücklich Bezug genommen. Zwischen Lagerhalter und Einlagerer besteht nun ersichtlich keinerlei persönliche, sondern eine rein vertragliche Beziehung.

Zum Wohnraummietrecht hatten sich hingegen andere Grundsätze herausgebildet. Danach sind unumstritten zum geschützten Personenkreis gehörend lediglich die Familienangehörigen des Mieters anzusehen und die in den Haushalt aufgenommenen

----

1) BGHZ 49, 350 (355 f.)
2) BGH aaO. S. 354 f.
3) BGH, JZ 70, 375 (376)
4) BGHZ 49, 350

Hausangestellten (1). Umstritten ist hingegen, ob der Partner einer nichtehelichen Lebensgemeinschaft in die Drittschutzwirkung des Mietvertrags einbezogen ist (2); die Aufwartefrau oder die nur vorübergehend im Haushalt helfende Schwester erhält keinen Anspruch aus dem Mietvertrag (3). Eindeutig vom Schutz des Mietvertrages nicht umfaßt sind Besucher und Gäste (4) sowie Untermieter (5). Es zeigt sich also, daß die Rechtsprechung bei der Wohnraummiete einen personenrechtlichen Einschlag verlangt, hingegen auf dem Gebiet der Geschäftsraummiete auf dieses Tatbestandsmerkmal völlig verzichtet. Drittschutzwirkung aus gewerblichen Mietverträgen können sonach Eigentümer von Sachen, die sich berechtigterweise in den Mieträumen befinden, genießen; hingegen sollen Einlagerer von Waren vom Schutz des Mietvertrages dann nicht umfaßt sein, wenn die Lagerung in den Mieträumen nicht zum bestimmungsgemäßen Gebrauch gehört (6).

Ähnlich der Rechtsprechung zur Geschäftsraummiete hat der Bundesgerichtshof in bezug auf den Haftungsausschluß mit Wirkung für Dritte weniger auf das Bestehen eines personenrechtlichen Einschlags, als vielmehr darauf abgestellt, daß nach dem Inhalt des Vertrages der Mietgebrauch durch den Dritten bestimmungsgemäß ausgeübt wird (7). Der Senat entschied mehrfach, daß die Einrede der kurzen Verjährung, § 558 BGB, auch einer Hilfsperson des Mieters zustehe, wenn

----

1) KG JW 1937, 2592; LG Stuttgart, VersR 1954, 247; BGHZ 61, 223; BGH VersR 1983, 442
2) OLG Hamm, FamRZ 1977, 320
3) KG JW 1937, 2592; OLG Kiel, SchlHa 1930, 18
4) BGHZ 2, 97
5) BGHZ 70, 327
6) BGH, NJW 1985, 489
7) BGHZ 49, 278 (280); BGHZ 61, 227 (233 f.); BGH, DB 1976, 1617 (1618)

der Mietvertrag die Ausübung des Gebrauchs der Mietsache durch einen Dritten gestattet. Hatte der Bundesgerichtshof in seinen beiden früheren Entscheidungen (1) jeweils einem Bediensteten des Mieters gestattet, sich mit der Einrede der Verjährung mit Wirkung für Dritte zu verteidigen, so dehnte er diesen Schutz später auch auf einen selbständigen Werkunternehmer aus, dem der Mieter in Übereinstimmung mit dem Mietvertrag die Benutzung eines Krans überlassen hatte (2). Dadurch scheinen die bisherigen Grenzen des geschützten Personenkreises gesprengt worden zu sein. Der Bundesgerichtshof wies ausdrücklich darauf hin, daß es nicht darauf ankomme, ob der Mietgebrauch einer sozial abhängigen Person überlassen wurde oder einem selbständigen Werkunternehmer, "denn auf die Art der Rechtsbeziehungen zwischen dem Mieter und dem Dritten kommt es nicht an" (3). Obgleich in den beiden früheren Entscheidungen (4) der Haftungsausschluß mit Wirkung für Dritte jeweils einer sozial abhängigen Person zuerkannt wurde, hat der VIII. Zivilsenat des Bundesgerichtshofs (5) schon dort das Ergebnis nicht mit der Art der Beziehung zwischen Gläubiger und Drittem begründet, sondern von jeher darauf abgestellt, ob der Inhalt des Mietvertrages eine Gebrauchsüberlassung an Dritte gestattet: "Ob dieser Schutz auf die Hilfsperson eines Mieters oder Entleihers ausgedehnt werden kann, hängt in erster Linie von dem Inhalt des abgeschlossenen Vertrages ab" (6).

----

1) BGHZ 49, 278 und BGHZ 61,227; vgl. o. S. 38 ff.
2) BGH, DB 1976, 1617
3) BGH aaO. S. 1618
4) BGHZ 49, 278; BGHZ 61, 227
5) Die drei erwähnten Entscheidungen zum Haftungsausschluß mit Wirkung für Dritte sind sämtlich solche des VIII. Zivilsenats.
6) BGHZ 49, 278 (280)

Es zeigt sich also, daß die Rechtsprechung auch bei den sog. "herkömmlichen" Sachverhalten, also solche die Verletzung nur absoluter Rechtsgüter betreffend, nicht immer einen personenrechtlichen Einschlag zwischen Gläubiger und Drittem verlangt hat. Der Bundesgerichtshof hat vereinzelt sogar ausgesprochen, daß bei bestimmten Sachverhalten nicht auf eine Fürsorgepflicht zwischen Gläubiger und Drittem, sondern allein auf den Inhalt des Vertrages abgestellt wird (1). Eine gleiche, wenn auch nicht so klar ausgesprochene, aber deutlich genug erkennbare Auffassung hat der Bundesgerichtshof auch zur Geschäftsraummiete vertreten. Im "Rauchrohröffnungsfall" verunsichern zwar die Ausführungen des Bundesgerichtshofs zu "Obhutspflichten" des Gläubigers (2), andererseits wird - allein überzeugend - auf den Sinn und Zweck des Vertrages abgestellt (3). Die so eingenommene Haltung hat der Bundesgerichtshof in seiner Entscheidung zur gewerbsmäßigen Lagerhaltung (4) nochmals ausdrücklich bestätigt mit dem Hinweis, zwischen den Mietvertragsparteien sei von vornherein klar gewesen, daß die Lagerräume zur Einlagerung fremder Waren angemietet wurden (5). Damit ist allein der Vertragszweck angesprochen, von Fürsorge- und Obhutspflichten ist nicht mehr die Rede.

Besonders aufschlußreich ist allerdings, daß schon das Reichsgericht in einer - soweit ersichtlich - Einzelfallentscheidung den Aussteller einer schriftlichen Bescheinigung zum Ersatz des der Käuferin der bescheinigten Waldbestände entstandenen Vermögensschadens verurteilte, die sich auf den

----

1) BGHZ 61, 227 (234); BGH, DB 1976, 1617 (1618)

2) BGHZ 49, 350 (354)

3) AaO.

4) BGH, JZ 1970, 375

5) AaO. S. 376

unrichtigen Inhalt des ihr vorgelegten Schriftstücks verlassen hatte (1). Die Rechtsprechung des Bundesgerichtshofs zur Auskunfts- und Berufsrollenhaftung erscheint unter diesem Hintergrund gar nicht so neu und überraschend, wie sie in der Literatur allgemein aufgenommen wurde.

Es ist mit dem Einwand zu rechnen, möglicherweise habe es sich bei den hier aufgeführten Fällen gar nicht um Drittschutzfälle im herkömmlichen Sinn gehandelt, und allein deshalb sei eine Fürsorgepflicht des Gläubigers für den Dritten in den entschiedenen Fällen nicht verlangt worden. Für eine Einordnung beim Vertrag mit Schutzwirkung für Dritte spricht jedoch, daß eine Schädigung des Dritten regelmäßig im Erfüllungsstadium stattfand (sog. Merkmal der "Leistungsnähe") und daß es regelmäßig an einem (direkten) vertraglichen Kontakt zwischen Kläger und Beklagtem fehlte.

----

1) RGZ 114, 289

6. Rückfall in die alte Auffassung

a) Zurück zum "personenrechtlichen Einschlag"

Mit dem "Anwaltsfall" des Bundesgerichtshofs (1) begann eine Ausweitung des Anwendungsbereichs drittschützender Verträge, da seitdem auch reine Vermögensschäden als ersatzfähig angesehen werden. Eine Erweiterung des geschützten Personenkreises in dem Sinne, daß es fortan auf ein besonderes Näheverhältnis zwischen Gläubiger und Drittem nicht mehr ankommen sollte, wurde ausdrücklich erst durch den "Lastschriftfall" des Bundesgerichtshofs (2) eingeleitet, weil dort erstmals ausdrücklich die Grundsätze, wonach ein personenrechtlicher Einschlag bisher verlangt wurde, als in bestimmten Fällen "unnötig eng" bezeichnet wurden (3). In der Folgezeit wurde diese Rechtsprechung insbesondere zur Vermögensschadenshaftung bestimmter Berufsgruppen fortentwickelt, wobei hier im Unterschied zu den sog. "herkömmlichen" Sachverhalten der bürgerlichen Lebenswelt, geprägt durch ein Näheverhältnis zwischen Gläubiger und Drittem, ein Interessengegensatz zwischen den bezeichneten Bezugspersonen immer deutlicher wurde. Andererseits konnte aufgezeigt werden, daß die Rechtsprechung sogar bei der Begründung so mancher "herkömmlicher" Sachverhalte (4), also außerhalb reiner Vermögensschadenshaftung, nicht mehr - wie früher überwiegend - auf das Verhältnis des Gläubigers zu dem Dritten, sondern auf den Inhalt des die Drittschutzwirkung entfaltenden Vertrages abgestellt hat (5).

----

1) NJW 1965, 1955
2) BGHZ 69, 82
3) BGH aaO. S. 86
4) Vgl. S. 92 ff.
5) Vgl. insbesondere BGH, DB 1976, 1617 (1618)

Folgerichtig wäre anzunehmen, daß es auf eine Fürsorgepflicht des Gläubigers gegenüber dem Dritten nicht mehr ankomme. Es fällt allerdings auf, daß für die Rechtsprechung das Erfordernis eines "personenrechtlichen Einschlags", obgleich einerseits als unnötig eng bezeichnet, andererseits gar nicht mehr der Erwähnung wert gehalten, in einigen Urteilen weiterhin das entscheidende Kriterium war:

Im sog. "Gemüseblattfall" (1) war das seine Mutter beim Einkauf begleitende Kind auf einem im Geschäft auf dem Boden liegenden Gemüseblatt ausgeglitten und hatte sich dabei verletzt. Der Bundesgerichtshof entschied, daß der Verkäufer dem Kind als Begleiter der einkaufenden Mutter hafte, denn "in einem derartigen engen familienrechtlichen Band hat die Rechtsprechung von jeher eine Rechtfertigung für die Erstreckung der vertraglichen Schutzwirkung gesehen", und unzweifelhaft ist eine Mutter im Innenverhältnis für das Wohl und Wehe des Kindes verantwortlich.
Der besondere Bekanntheitsgrad dieser Entscheidung rührt aus der erstmaligen Anwendung des Rechtsinstituts der culpa in contrahendo auf Dritte her, während die Entscheidung selbst sehr umstritten ist (2).

Auf dem Gebiete des Mietrechts grenzte das Oberlandesgericht Hamm den in einer Mietwohnung lebenden, Drittschutz genießenden Personenkreis ebenfalls danach ab, ob im Einzelfall eine Fürsorgepflicht zwischen Gläubiger und Drittem gegeben war (3). Der Lebensgefährte der Mieterin (welcher mit ihr ohne Trauschein zusammenlebte) stürzte von dem schadhaften Balkon der Mietwohnung und verletzte sich. Das

----

1) BGH, JR 1976, 456
2) Strätz, JR 1976, 458; Kreuzer, JZ 1976, 778
3) OLG Hamm, FamRZ 1977, 318

Oberlandesgericht Hamm verneinte eine Haftung aus dem Mietvertrag mit dem Argument, es sei "kein gesetzliches Treue- und Fürsorgeverhältnis", "keine gegenseitige Unterhalts- und Beistandspflicht in Notfällen" der Mieterin gegenüber ihrem Lebensgefährten gegeben.

Der Hinweis auf ein fehlendes Fürsorgeverhältnis im Sinne eines bloßen Interesses der Mieterin für ihren Lebensgefährten hätte wohl kaum überzeugt, so daß das Oberlandesgericht Hamm sich veranlaßt sah, dieses Abgrenzungsmerkmal nach dem überwiegend verstandenen Sinn zu definieren als "gesetzliches Treue- und Fürsorgeverhältnis", aus dem sich eine "gegenseitige Unterhalts- und Beistandspflicht in Notfällen" ergebe. Damit ist aber klargestellt, daß das Abgrenzungsmerkmal der "Fürsorgepflicht" keineswegs aufgegeben ist, sondern in seiner ursprünglichen Bedeutung, wie sie typischerweise dem Gläubiger gegenüber seinen Angehörigen, Arbeitnehmern u. ä. obliegt, verwendet wird und nicht einmal eine Aufweichung der Grenzen im Sinne eines bloßen "Interesses" des Gläubigers für den Dritten zugelassen wird.

Auch im "Stromkabelfall" lehnte der Bundesgerichtshof eine Haftung wegen fehlender Mitverantwortung des Gläubigers für das Wohl und Wehe des Dritten ab (1):
Die vom gemeindlichen Zweckverband beauftragte Baufirma hatte bei Ausgrabungsarbeiten ein Stromkabel beschädigt, wodurch einer der Stromabnehmer wegen Stromausfall einen zeitweisen Betriebsstillstand hinnehmen mußte, dadurch entstand ihm erheblicher Vermögensschaden. Die Schadensersatzklage wegen Unterbrechung der Stromzufuhr gegen die Stadt, welche den Auftrag zu den Grabungsarbeiten erteilt hatte,

----

1) BGH, NJW 1977, 2208 = BB 1977, 1449 = DB 1977, 2440 = JZ 1977, 721

wurde abgewiesen (1), weil das "notwendige Erfordernis, daß nämlich der Gläubiger für das Wohl und Wehe des Dritten mitverantwortlich ist", hier nicht zutreffe. Wie erwähnt, hielt hier der Bundesgerichtshof den personenrechtlichen Einschlag für unentbehrlich.

In seiner sog. "Prüfzeichen-Entscheidung" (2) lehnte der Bundesgerichtshof eine Dritthaftung des Warenherstellers gegenüber dem Endabnehmer ab. Es lag folgender Sachverhalt zugrunde: Die Klägerin kaufte bei einem Zwischenhändler Kunststoffrohre der Beklagten, um diese bei der Verlegung von Wasserleitungen in einem öffentlichen Versorgungsnetz zu verwenden. Obgleich diese Rohre vom beklagten Hersteller mit einem besonderen Prüfzeichen versehen waren, traten bald Rohrbrüche auf, was nach dem Vortrag der Klägerin auf die minderwertige Qualität und dem zufolge zu geringe Lebensdauer zurückzuführen sei. Das Herstellungsmaterial entspreche nicht den Normen, deren Einhaltung zur Führung des Prüfzeichens berechtigt. Der Hersteller habe zur Erlangung des Prüfzeichens besseres Material vorgelegt als bei der Herstellung der Rohre und damit durch die Kennzeichnung mit dem Prüfzeichen bewußt über die mindere Qualität getäuscht.

Deliktische Schadensersatzansprüche scheiterten, da es sich um einen Vermögensschaden handelte und für die deshalb allein in Betracht kommende Vorschrift des § 826 BGB dem beklagten Hersteller Vorsatz nicht nachgewiesen werden konnte. Da die Klägerin nicht direkt vom Hersteller, sondern von dem in der Verkaufskette zwischengeschalteten Händler gekauft

----

1) Zustimmend Taupitz S. 104 ff. (107) wegen sonst für den Schuldner nicht überschaubarer Risiken
2) BGH, NJW 1974, 1503

hatte, prüfte der Bundesgerichtshof, ob die Käuferin Schutzwirkung des Vertrages zwischen Hersteller und Zwischenhändler genieße, lehnte dies jedoch ab. Schutz- und Fürsorgepflichten, also ein durchweg durch einen personenrechtlichen Einschlag gekennzeichnetes Verhältnis bestehe zwischen Käufer und Händler nicht.
Diese Entscheidung erfuhr im Ergebnis kaum Widerspruch (1), da die Literatur es nahezu übereinstimmend mit der Rechtsprechung für unbillig hielt, dem Dritten zwei Ansprüche zu geben, nämlich einen gegen den Händler und einen weiteren gegen den Produzenten, und ihn so besser zu stellen als den Gläubiger des Hauptvertrages selbst (2).

Nachdem einerseits in den gerade erwähnten Entscheidungen eine rechtliche Fürsorgepflicht als notwendiges Erfordernis einer Einbeziehung in die drittschützende Wirkung des Hauptvertrages bezeichnet wurde, andererseits die Annahme eines Vertrages mit Schutzwirkung zugunsten Dritter "nicht immer auf Fälle mit einer persönlichen Verbindung zwischen Gläubiger und Drittem" beschränkt sein soll (3), ist eine gewisse, in jahrzehntelanger Rechtsprechung erreichte Verfestigung der Tatbestandsvoraussetzungen beim Vertrag mit Schutzwirkung für Dritte fraglich geworden und großer Verunsicherung gewichen. Wo die Rechtsprechung auf das Merkmal der "Fürsorgepflicht" verzichtete, fehlt es an einer Begründung dafür und zudem an der Benennung neuer Abgrenzungsmerkmale, die geeignet sind, auch die Fallgruppen betreffend Vermögensschäden in sich aufzunehmen.

Da aber "dieses Produkt der richterlichen Rechtsfortbildung nicht mehr rückgängig zu machen sein dürfte", wie Assmann in

----

1) Widersprechend Steinmeyer DB 1988, 1049 (1056)
2) Krause, JZ 1982, 16 (18); Schmalzbauer S. 97
3) OLG Düsseldorf, NJW 1977, 1403 (1404)

bezug auf die Fälle betreffend reine Vermögensschäden ausführt (1), kann man jedenfalls von einem vollständigen Rückfall in die alte Auffassung, nämlich Abgrenzung des geschützten Personenkreises allein nach einer rechtlichen Fürsorgepflicht im herkömmlichen Sinne, nicht sprechen. Vielmehr zeichnen sich zwei (Haupt-)Fallgruppen ab, nämlich einerseits die mit dem Näheverhältnis zwischen Gläubiger und Drittem begründeten, sog. "familienbezogenen" Fälle, andererseits die allein auf den zwischen Schuldner und Gläubiger festgelegten Vertragsinhalt abstellenden Entscheidungen ohne Berücksichtigung des Verhältnisses zwischen Gläubiger und Drittem. Keitel (2) unterscheidet neuerdings nach einerseits "familienbezogenen" Sachverhalten, andererseits nach solchen, in denen "der Dritte als Begünstigter eines unechten Vertrages zugunsten Dritter durch die Leistung verletzt wird" (3). Fest steht jedenfalls, daß für die nach erstem Anschein von der Rechtsprechung geschaffenen beiden Fallgruppen einheitliche Abgrenzungsmerkmale bislang nicht bestehen, wie sich an der schwankenden Begründung einerseits unter Berufung auf den personenrechtlichen Einschlag, andererseits auf dessen Entbehrlichkeit zeigt. Weiteres Indiz für die herrschende Verunsicherung ist die ansonsten ungewohnte zweigleisige Begründung, nämlich mit rechtlichen Fürsorgepflichten begründenden familiären Beziehungen und daneben dem sog. Vertragszweck (4).

b) Rückkehr zur "ergänzenden Vertragsauslegung"

Verunsicherung besteht nicht nur hinsichtlich der Tatbestandsmerkmale des Vertrages mit Schutzwirkung für Dritte,

----

1) Assmann, JuS 1986, 885 (891)
2) S. 126 ff., zusammenfassend S. 162
3) Keitel, S. 126
4) Vgl. die sog. Anwaltsfälle

sondern weiterhin auch über die Rechtsgrundlage. Gerade in neueren Entscheidungen, erstaunlicherweise solche betreffend reine Vermögensschadenshaftung, hat der Bundesgerichtshof ausgeführt, es sei der nach außen zutage getretene Wille der Vertragschließenden "gem. §§ 133, 157 BGB" festzustellen (1). Allerdings wurde gleichzeitig auf die objektive Interessenlage der Beteiligten hingewiesen.

Im Wege der Vertragsauslegung (§ 157 BGB) kam schon das Reichsgericht (2) zu einem "Drittinteresse" des Gläubigers. Zwischenzeitlich allerdings hatte die Rechtsprechung auch bei "gegenläufigen Interessen" Drittschutzwirkung zuerkannt (3). Folgerichtig müßte eine neue, "willensunabhängige" Rechtsgrundlage genannt werden, da der Gläubiger einer Auskunft über seine Bonität gerade nicht die Interessen der kreditgebenden Bank wahren will, sondern ganz im Gegenteil - unredliches Verhalten unterstellt - einen wesentlich höheren Kredit zu erlangen erstrebt, als ihm nach seinen Sicherheiten zustünde und damit der Gläubiger den Interessen des Dritten (also der Bank) zuwiderhandelt. Umso mehr erstaunt es, daß der Bundesgerichtshof bei erkannter Gegenläufigkeit der Interessen zurückverweist, damit der "nach außen zutage getretene Wille der Vertragschließenden gem. §§ 133, 157 BGB" festgestellt werde (4).

Andererseits hat der Bundesgerichtshof in seinem "Lastschriftfall" (5) als Rechtsgrundlage die Verletzung einer

----

1) BGH, NJW-RR 1986, 1307; BGH, LM § 675 BGB Nr. 120

2) Vgl. z. B. RGZ 98, 210 (sog. Kreissägenfall)

3) Vgl. die gesamte Berufsrollenhaftung und den sog. "Lastschriftfall", BGHZ 69, 82

4) BGH, NJW-RR 1986, 1307

5) BGHZ 69, 82

Schutzpflicht genannt (1). Dies deutet darauf hin, daß die Rechtsprechung willensbezogene Lösungen grundsätzlich den Sachverhalten mit gleichläufigen Interessen zuordnet, bei erkennbaren Interessengegensätzen jedoch im Prinzip auf nicht rechtsgeschäftliche Lösungen ausweicht.

Es zeigt sich also, daß Verunsicherung sowohl bezüglich der tatbestandlichen Voraussetzungen als auch der Rechtsgrundlage besteht, und dies nach mehr als 70-jähriger Rechtsprechung zum Vertrag mit Schutzwirkung für Dritte.

Zusammenfassend ist festzustellen, daß das Reichsgericht sich zunächst auf § 328 BGB als gesetzliche Grundlage gestützt hat. Das drittschützende Recht hat die Rechtsprechung sodann aus einer stillschweigenden Vereinbarung, einer Auslegung nach dem Zweck des Vertrags (§ 328 II BGB) und aus einer ergänzenden Vertragsauslegung (§§ 133, 157 BGB) hergeleitet.

Der Bundesgerichtshof hat sich ebenfalls zunächst auf § 328 BGB als Rechtsgrundlage berufen (2), teilweise eine ergänzende Vertragsauslegung nach § 157 BGB angenommen (3), manchmal es gar für entbehrlich gehalten, auf die Rechtsgrundlage näher einzugehen (4) und in einigen Entscheidungen nur auf Treu und Glauben sowie "Schutzpflichten" (5) verwiesen.

----

1) BGHZ 69, 82 (85)
2) BGH, NJW 1956, 1193 (Kreissägenfall)
3) Vgl. z. B. BGHZ 56, 269 (273)
4) Z. B. BGHZ 66, 51; BGH, NJW 1977, 2073
5) Z. B. BGHZ 69, 82: sog. "Lastschriftfall"

II. DIE MEINUNGEN IM SCHRIFTTUM

A. Zur Rechtsgrundlage des Vertrages mit Schutzwirkung für Dritte

1. Rechtsgeschäftliche Begründungen

a) § 328 BGB unmittelbar

Die Grenzen zwischen dem Vertrag zugunsten Dritter und dem Vertrag mit Schutzwirkung für Dritte (1) können sicherlich in einigen Fallgestaltungen, z. B. den sog. Beförderungsfällen (2) und auch dort, wo der Patient durch Vertragsabschluß seiner Krankenkasse mit einem Krankenhaus eingewiesen wird, aber durch Ärzte oder Pflegepersonal zu Schaden kommt (3), nicht ganz klar gezogen werden. Möglicherweise handelte es sich hierbei um Verträge zugunsten Dritter (4). Das Reichsgericht hatte selbst gemeint, der Zweck der Verträge zwischen den Krankenkassen und den Krankenhäusern erfordere es, daß "den unterzubringenden Versicherten ein Rechtsanspruch auf die...Behandlung zustehen solle" (5). Tatsächlich will die Krankenkasse die Heilbehandlung nicht für sich selbst fordern, sondern für den bei ihr Versicherten.

§ 328 BGB wird überwiegend so verstanden, daß der Dritte den (Haupt-)Leistungsanspruch erwirbt (6). Der Vertrag mit Schutzwirkung für Dritte unterscheidet sich aber vom Vertrag zugunsten Dritter gerade dadurch, daß der Dritte nur einen Schadensersatzanspruch, einen sog. Sekundäranspruch erwirbt.

----

1) Begriff von Larenz, NJW 1956, 1193
2) Vgl. o. S. 14 ff.
3) Vgl. o. S. 16 ff.
4) So Dahm, S. 19
5) RG, Warneyer 1915, S. 306 Nr. 203
6) Palandt-Heinrichs, § 328 Anm. 1 c)aa)

Stets geht es beim Vertrag mit Schutzwirkung für Dritte nur um die Verletzung bloßer Schutzpflichten im Erfüllungsstadium des Vertrages. Nach dem Grundsatz der Vertragsfreiheit müßte es allerdings möglich sein, Dritten keinen Leistungsanspruch zuzuwenden, sondern sie lediglich in den Schutzbereich vertraglicher Obhutspflicht einzubeziehen (1). Tatsächlich fehlt es aber zumeist an einer drittbegünstigenden Vereinbarung.

Eine Ausnahme bei den neueren Fällen, die den Ersatz reiner Vermögensschäden betreffen, bildet der sog. "Testamentsfall" (2). Für diese Entscheidung ist umstritten, ob nicht etwa doch § 328 I BGB die einzig richtige Anspruchsgrundlage sei, da der beklagte Anwalt nicht schlecht, sondern "nicht zeitgerecht" (3) erfüllt hatte, d. h. er hatte die Hauptleistung gar nicht erbracht. Daher zieht Berg (4) aus dogmatischen Gründen eine Lösung über den echten Vertrag zugunsten Dritter vor. Einer solchen Konstruktion mag aber die Vorstellung entgegen gestanden haben, daß es als moralisch anstößig empfunden werden könnte, wenn die Tochter, die ja Alleinerbin werden sollte, selbst als Gläubigerin des Anwaltsvertrages die Errichtung des Testaments zu ihren Gunsten hätte verlangen können, worauf Lorenz (5) zu Recht hinwies. Allerdings ist diese Erkenntnis nicht einmal in bezug auf die übrigen Anwaltsfälle verallgemeinerungsfähig. Kündigt der Anwalt ein Wohnraummietverhältnis zu spät (6), so ist dies eine Schlechtleistung; legt der Anwalt in der Ehelichkeitsanfechtungssache die Berufung verspätet oder

----

1) Abl. Oertmann, LZ 1931, 201 (205)
2) BGH, NJW 1965, 1955
3) So BGH aaO. S. 1957
4) MDR 1969, 613 (616)
5) JZ 1966, 143 (144)
6) Wie im Fall des LG München I, NJW 1983, 1621

beim unzuständigen Gericht ein (1), so hat er "nur" eine sog. "Nebenpflicht" verletzt, nämlich die Verpflichtung, die Hauptleistung ohne Schädigung des Vertragspartners bzw. hier des Dritten zu erbringen. Das Oberlandesgericht Hamm führte deshalb auch aus, der beklagte Anwalt habe "schuldhaft eine positive Vertragsverletzung begangen" (2).

Seit Larenz (3) darauf hingewiesen hat, daß in den seltensten Fällen zugunsten des Dritten ein Vertrag geschlossen worden sei, wurde nach neuen Rechtsgrundlagen gesucht.

b) § 328 BGB analog

Wiederum von Larenz (4) kam der Hinweis auf die Möglichkeit einer entsprechenden Anwendung der §§ 328 ff. BGB. Analogie ist die Übertragung der für einen oder mehrere bestimmte Tatbestände im Gesetz vorgesehenen Regel auf einen anderen, aber rechtsähnlichen Tatbestand (5). "Die Übertragung gründet sich darauf, daß infolge ihrer Ähnlichkeit in den für die gesetzliche Bewertung maßgebenden Hinsichten beide Tatbestände gleich zu bewerten sind, also auf die Forderung der Gerechtigkeit, Gleichartiges gleich zu behandeln." (6)

Diese Ähnlichkeit scheint zunächst gegeben zu sein. Wenn Gernhuber (7) von einer Rechtsfigur spricht, "die nirgendwo die Grenzen der §§ 328 ff. BGB überschreitet", so deutet diese Formulierung darauf hin, daß die drittschützenden Schutzpflichten nur ein Weniger gegenüber dem Vertrag

----

1) Wie im Fall des OLG Hamm, MDR 1986, 1026

2) MDR 1986, 1026 (1027)

3) NJW 1956, 1193

4) AaO.

5) BGHZ 46, 76

6) Larenz, Methodenlehre, S. 365

7) Festschrift Nikisch, 249 (264)

zugunsten Dritter seien, so daß, wenn sogar ein echter Vertrag zugunsten Dritter abgeschlossen werden kann, doch erst recht eine Vereinbarung möglich sein muß, die dem Dritten nur Schutzwirkung zuteil werden läßt. Wer einen Vertrag zugunsten Dritter schließt, will gleichzeitig die Integritätsinteressen des begünstigten Dritten gewahrt wisssen. Also müßte es doch möglich sein, für einen Dritten, ohne diesem den Hauptleistungsanspruch zu verschaffen, lediglich die gleichlaufenden Nebenpflichten zu vereinbaren (1).

Gegen eine Analogie wird eingewandt, Leistungs- und Schutzpflichten seien nicht ähnlich, sondern etwas ganz Verschiedenes (2). Schutzpflichten seien nicht ein "Weniger" des Hauptleistungsanspruchs, sondern seit der Unterscheidung von Heinrich Stoll zwischen Leistungs- und Schutzpflichten ein Aliud (3).

Letztlich scheitert eine analoge Anwendung der §§ 328 ff. BGB aus den gleichen Gründen, die gegen eine direkte Anwendung des § 328 BGB sprechen: "...eine ausdrückliche Vereinbarung von Sorgfalts- und Erhaltungspflichten, die kraft der bestehenden Vertragsfreiheit gewiß jederzeit möglich wäre, kommt kaum vor: Die Parteien denken in aller Regel nur an den von ihnen gewünschten Leistungsaustausch, nicht an Störungen und Schadensfälle... Umso mehr gilt dies für die Rechtsgüter Dritter: Wenn der Gläubiger nicht einmal daran denkt, dem Vertragspartner zu eigenen Gunsten besondere Schutzpflichten aufzuerlegen, so ist dies noch weniger zugunsten Dritter anzunehmen." (4)

----

1) Wie neuerdings auch der Bundesgerichtshof meinte: LM § 675 BGB Nr. 120
2) Winterfeld, S. 61; Puhle, S. 43; Dahm, S. 20
3) Dahm, S. 20 f.; Keitel, S. 59 f.
4) Bydlinski, JBl 1960, 359

c) Vertragsauslegung, §§ 133, 157 BGB

Da die Beteiligten an Schutzpflichten zugunsten Dritter in der Regel nicht gedacht haben, ist man auf die Idee gekommen, diese Verträge als lückenhaft und somit als einer ergänzenden Vertragsauslegung gem. § 157 BGB zugänglich anzusehen, worauf ebenfalls Larenz (1) hingewiesen hat.

Eingrenzendes Merkmal der ergänzenden Auslegung zur Ermittlung des "hypothetischen Parteiwillens" ist das Erfordernis der "Lücke". Hierbei ist ein individueller Maßstab aus den im konkreten Akt auffindbaren Anhaltspunkten anzulegen, nicht ein gesetzgeberischer generalisierender, d. h. der Richter muß die Wertungen der Parteien zu Ende denken, und darf nicht eigene setzen (2).

Darüber hinaus geht aber ein Versuch von Larenz (3), den Maßstab der ausgleichenden Gerechtigkeit als dem Vertrag "sinngemäß immanent" zu erklären. Larenz stützt diese Meinung darauf, daß - weil ein gesetzes- und sittenwidriger Vertrag keine Rechtsgültigkeit beanspruchen könne (§§ 134, 138 BGB) - Verträge so auszulegen seien, wie Treu und Glauben mit Rücksicht auf die Verkehrssitte es erfordern (§ 157 BGB) und keine Partei sich auf eine von ihr gewollte Unredlichkeit berufen könne. Daher sei dem Sinn und Zweck eines Vertrages das als vereinbart zu entnehmen, was redlich denkende Parteien nach dem Maßstab von Treu und Glauben im Sinne des Vertrages liegend erkennen können und deshalb gegen sich gelten lassen müßten. Das Interesse des Schuldners, es nur mit dem Gläubiger selbst zu tun zu haben, also auch seine Verantwortlichkeit für Schäden eng zu

----

1) NJW 1956, 1193

2) Mayer-Maly im Anschluß an die ständige Rechtsprechung in Münchener Kommentar, Rdz. 41 zu § 157 BGB

3) Geschäftsgrundlage und Vertragserfüllung, S. 161; NJW 1956, 1193 (1194)

begrenzen, müsse insoweit unberücksichtigt bleiben, als Treu und Glauben von ihm die Übernahme einer Verantwortlichkeit auch gegenüber Dritten Personen verlangen und ihm dies erkennbar ist (1).

Nach diesem "weiten Lückenbegriff" sollte eine Lücke schon dann gegeben sein, wenn die Parteien eine Frage nicht zu regeln für nötig befunden haben, die nach dem Sinn des Vertrages einer Regelung bedurft hätte, und für die sich aus dem dann anzuwendenden Maßstab von Treu und Glauben eine Regelung ableiten läßt. Gegen diese Meinung von Larenz wendet Lorenz (2) ein, daß der Gedanke einer immanenten Vertragsgerechtigkeit mit einer Freizeichnung von solcher Schutzwirkung leicht zu umgehen sei, da die ergänzende Vertragsauslegung schließlich am ausdrücklich geäußerten gegenteiligen Parteiwillen ihre Grenze finde. Zu Recht meint Canaris (3), daß für eine Vertragsauslegung kein Raum sei, wenn der Vertrag nichtig ist, da die ergänzende Vertragsauslegung einen (wirksamen) Vertrag voraussetzt. Bei Nichtbeachtung der "ausgleichenden Gerechtigkeit" könnte der dringend benötigte Vertrag über die Irrtumsanfechtung gem. § 119 I BGB beseitigt werden, womit in vielen Fällen einer ergänzenden Vertragsauslegung der Boden entzogen wäre.

Allerdings ist darauf hinzuweisen, daß Larenz zwischenzeitlich den Vertrag mit Schutzwirkung für Dritte nicht mehr auf ergänzende Vertragsauslegung, sondern auf richterliche Rechtsfortbildung stützt (4). Außerdem hat Larenz später selbst eingeräumt, daß es in Drittschutzfällen an einer Vertragslücke fehle. Vielmehr seien diese Verträge durchaus vollständig, weil über das Wesentliche des Vertrages, den

----

1) Larenz, NJW 1960, 77 (80)
2) JZ 1961, 170 (171)
3) JZ 1965, 475 (477)
4) Larenz, Schuldrecht AT § 17 II S. 187

gegenseitigen (Haupt-)Leistungsaustausch, Vereinbarungen getroffen wurden (1). Schließlich werde es auch nicht als Vertragslücke empfunden, daß die Parteien für ihre eigene, gegenseitige Haftung anlässlich der Vertragsabwicklung keine besonderen Absprachen treffen, so daß das Fehlen einer Regelung für Drittschäden erst recht nicht als Vertragslücke angesehen werden könne (2).

Wurde schon bisher angenommen, der Schuldner würde bei einem "Zu-Ende-Denken" in Richtung Dritthaftung vermutlich nicht drittschützenden Willen haben, sondern den, eine Dritthaftung auszuschließen (3), so wird dieses Argument noch einsichtiger anhand der Drittschutzfälle, die den Ersatz reiner Vermögensschäden betreffen: Da dort zumeist schon die Interessen von Gläubiger und Drittem gegenläufiger Natur sind, ist nicht nur von dem Schuldner, sondern auch von dem Gläubiger anzunehmen, daß bei Regelung der Dritthaftung eine Freizeichnung vereinbart worden wäre (4).

Letztlich hat gegenüber den rechtsgeschäftlichen Argumenten Gernhuber (5) überzeugend dargelegt, daß Verträge, die nichts über die Rechtstellung Dritter aussagen, nicht lückenhaft sind, sondern daß auf dem Wege einer angeblichen Schließung von Vertragslücken tatsächlich Gesetzeslücken geschlossen werden. Zur Gesetzeskorrektur sei aber § 157 BGB schon deshalb nicht geschaffen, weil er auf die Einzelfallauslegung zugeschnitten sei, während es sich bei der

----

1) Larenz, Schuldrecht AT § 17 II S. 187

2) Keitel, S. 64

3) Keitel, aaO.

4) Wie dies die auskunfterteilende Bank in dem vom BGH, WM 1974, 685 entschiedenen Fall - jedoch erfolglos - versucht hatte.

5) Festschrift Nikisch, S. 249 ff.

Rechtsprechung zum Vertrag mit Schutzwirkung für Dritte um eine typisierende Annahme von Drittberechtigungen handle. Die ergänzende Vertragsauslegung nach § 157 BGB habe "schon so manche Drittberechtigung legitimieren müssen", indem "das objektiv für richtig Empfundene unwiderleglich dem hypothetischen Parteiwillen imputiert" wurde (1).

Da die Parteien den Dritten im Vertrag überhaupt nicht erwähnen, muß zumindest angenommen werden, daß sie sich bezüglich des Drittschutzes in Unkenntnis unzureichender Normen eben auf das Gesetz verlassen haben, falls sie doch an den Dritten gedacht hätten (2). Aber auch dann kann dem Dritten mit ergänzender Vertragsauslegung nicht geholfen werden, weil der Richter nur den Parteiwillen festhalten soll und nicht fehlende Normen nach dem allgemeinen Gerechtigkeitsprinzip an die Stelle eines gerade nicht vorhandenen Parteiwillens setzen darf. Im Ergebnis ist daher jede Anknüpfung an den Parteiwillen als "Weg in die Fiktionen" abzulehnen (3).

Neuerdings kommt Dahm (4) in seiner Dissertation dennoch zu dem Ergebnis, der Vertrag mit Schutzwirkung für Dritte beruhe auf ergänzender Vertragsauslegung gem. § 157 BGB; "nach objektiven Gesichtspunkten sei eine Weiterentwicklung der sich im Vertragskomplex dokumentierten Wertungen der Parteien vorzunehmen". Wo aber Wertungen nicht zum Ausdruck kommen, weil es an jeglicher Willensäußerung fehlt, kann nichts "weiterentwickelt" werden.

----

1) Gernhuber, Festschrift Nikisch, S. 249 (261)

2) Kümmeth, S. 88

3) Gernhuber, Festschrift Nikisch, S. 249 (261); Böhmer MDR 1960, 807 (808); Berg, JuS 1977, 363

4) S. 131

d) § 328 Abs. 2 BGB

§ 328 II BGB, der manchmal allein oder mit § 157 BGB zusammen als gesetzliche Stütze des Vertrages mit Schutzwirkung für Dritte herangezogen wurde (1), ist nur Auslegungsregel, bezieht sich auch nur auf den Vertrag zugunsten Dritter und greift lediglich ein, wenn bereits ein solcher Vertrag geschlossen wurde, um dessen Regelungsumfang zu entscheiden. § 328 II BGB stellt daher keine Auslegungsregel zu der Frage dar, ob überhaupt ein Vertrag zugunsten Dritter zustande kam, sondern, ob ein berechtigender oder ein ermächtigender Vertrag zugunsten Dritter vorliegt. Zur Begründung dieser Auffassung läßt sich auch anführen, daß § 328 II BGB wörtlich von "dem Dritten" und nicht von "einem Dritten" spricht (2).

Im Ergebnis ist festzuhalten, daß alle "rechtsgeschäftlichen" Lösungen nicht überzeugen, sei es über Vertrag zugunsten Dritter, stillschweigende Drittschutzabrede, analoge Anwendung der §§ 328 ff. BGB oder ergänzende Vertragsauslegung (3). Allen gemeinsam ist die von Gernhuber (4) aufgezeigte "fiktive" Natur (5). In der Literatur wurden deshalb weitere Lösungswege gesucht.

----

1) Z. B. RGZ 98, 210 (212); BGHZ 2, 94
2) Gernhuber, Festschrift Nikisch, 249 (265); Stuckart, S. 28; Kümmeth, S. 79
3) Für eine ergänzende Vertragsauslegung als Rechtsgrundlage spricht sich auch heute noch Palandt-Heinrichs, § 328 Anm. 3 b) aus
4) Festschrift Nikisch 249 (265)
5) So auch Erman-Westermann, § 328, Rdz. 11; ebenso Staudinger-Kaduk, Vorbem. zu §§ 328 ff., Rdz. 77

2. Vertrauenshaftung

a) Zum Begriff

Wenn nun einmal feststeht, daß die Parteien den Dritten weder ausdrücklich noch stillschweigend noch "hypothetisch" berücksichtigt haben, so erscheint es naheliegend, die gesetzlichen Schuldverhältnisse der culpa in contrahendo und der positiven Vertragsverletzung, die ebenfalls nur reine Schutzpflichten auferlegen, und die ebensowenig dem reinen Parteiwillen entspringen wie der Vertrag mit Schutzwirkung für Dritte, für den Drittschutz nutzbar zu machen. Die Annahme, daß "die rechtsgeschäftlichen Lösungen, mit denen vornehmlich die deutschen Gerichte bisher gearbeitet haben, nur um den Preis blutleerer Fiktionen zu halten sind", wie Lorenz (1) es ausdrückt, ließ die Vertreter der sog. "Vertrauenshaftung" in das andere Extrem fallen und Abstand nehmen von jeglicher Anlehnung an den Vertrag selbst. Sie wollen vielmehr neben dem Rechtsinstitut der positiven Vertragsverletzung auch den Vertrag mit Schutzwirkung für Dritte in das "gesetzliche Schuldverhältnis" einordnen, zu welchem Rudolf von Iherings Lehre von der culpa in contrahendo fortentwickelt wurde.

Bereits Heinrich Stoll (2) hat darauf hingewiesen, daß im Vertragsverhältnis neben den Leistungspflichten eigenständige Schutzpflichten bestehen, wobei er hier vor allem an das Rechtsinstitut der positiven Vertragsverletzung gedacht hat, jedoch bemerkte, daß diese Lehre evtl. auch im Verhältnis zu Dritten von Nutzen sein könnte. Im Anschluß an Stoll

----

1) Festschrift Larenz 1973, S. 618

2) Die Lehre von den Leistungsstörungen, 1936, S. 26 ff.; AcP 136 (1932), 257 ff. (298)

stellte Canaris (1) den Vertrag mit Schutzwirkung für Dritte auf eine Ebene mit den gesetzlichen Schuldverhältnissen der culpa in contrahendo und der positiven Vertragsverletzung. Die Schutzpflichten gegenüber Dritten beruhen nach Canaris auf einem "gesetzlichen Schuldverhältnis ohne primäre Leistungspflicht, das seine Rechtfertigung in der Inanspruchnahme und Gewährung von Vertrauen (im Hinblick auf das zwischen den "Hauptparteien" bestehende Schuldverhältnis) und seine positiv-rechtliche Grundlage in § 242 BGB findet" (2). Die Entstehung dieser Schutzpflichten soll sich daraus rechtfertigen, daß "Einwirkungen in die Rechtsgüterwelt des anderen ermöglicht werden" (3).

Ähnlich begründete schon Heinrich Stoll die Schutzpflichten im Hinblick auf die positive Vertragsverletzung: "Die Pflichten ergeben sich aus der durch die Sonderbeziehung erst eröffneten besonderen Einwirkungsmöglichkeit in den fremden Rechtskreis und des durch sie begründeten Vertrauensverhältnisses zur Gegenpartei", bzw. sei es ausreichend, daß "die besondere Einwirkungsmöglichkeit durch den Vertrag gegeben war" (4).

Nach der Auffassung von Dölle (5), der von "außergesetzlichen Schutzpflichten" spricht, konstituieren nicht die Vertragsverhandlungen den Pflichten erzeugenden Tatbestand, sondern "ein sozialer Kontakt, vermöge dessen eine Person zur Erreichung eines bestimmten Zwecks ihre Lebensgüter dem Einfluß und damit der Obhut und Sorgfalt einer anderen

----

1) JZ 1965, 475

2) Canaris, aaO. S. 478

3) Canaris, aaO. S. 478

4) Stoll, AcP 136, 257 (298); ebenso von Bar, JuS 1982, 640

5) ZStW 103 (1943), 74

Person anvertraut, insbesondere beim Eintritt in die von einem anderen beherrschte Rechtssphäre". Hier wird also nicht einmal mehr ein "rechtsgeschäftlicher Kontakt" vorausgesetzt.

Als Haftungsgrund werden also "die Inanspruchnahme und Gewährung von Vertrauen" (1) und "der gesteigerte soziale Kontakt" (2) genannt. Während den Vertretern bloßer "außergesetzlicher Schutzpflichten" ein nur "sozialer" Kontakt genügt, fordern andere, z. B. Canaris, immerhin einen "rechtsgeschäftlichen" Kontakt (3). Die Vertreter der Vertrauenshaftung unterscheiden sich also vor allem durch die Reichweite des zugrundeliegenden Haftungsgrundes.

Einig sind die Vertreter der Vertrauenshaftung (4) insoweit, als die Schutzpflichten im Gegensatz zu den Leistungspflichten nicht vertraglicher, sondern gesetzlicher Natur sein sollen, also völlig losgelöst vom Vertrag. Dies bringe den unschätzbaren Vorteil mit sich, daß sie die verschiedenen Stufen eines Vertrages, nämlich vorvertragliche Verhandlungen, Vertragsabschluß und Vertragsabwicklung gleichermaßen in sich aufnehmen könnten. Darüber hinaus bestünden die gesetzlichen Schutzpflichten unabhängig davon weiter, ob der Vertrag, ggf. durch Anfechtung, seine Wirksamkeit verliere. Zur Begründung der "gesetzlichen" Natur der Schutzpflichten wird vor allem auf die

----

1) Canaris, JZ 1965, 475 (478)

2) Dölle, ZStW 103, 67 ff. (74)

3) JZ 1965, 475 (478)

4) Grundlegend Canaris, JZ 1965, 475; Thiele, JZ 1967, 649; Gerhardt, JZ 1970, 535 sowie JuS 1970, 597; Strauch, JuS 1982, 823

Rechtsfigur der culpa in contrahendo hingewiesen, die einen (anschließenden) Vertragsabschluß nach allgemeiner Meinung nicht voraussetzt. Die vom Vertrag unabhängige, gesetzliche Natur der Schutzpflichten ermöglicht die Vorstellung, sie als "dritte Spur" zwischen Vertrags- und Deliktsrecht anzusiedeln.

Die Schutzpflichten dienen lediglich dem Bestandsinteresse des Gläubigers (z. B. Mitteilungs- und Aufklärungspflichten) (1). Die Vertreter der Vertrauenshaftung unterscheiden nämlich im einzelnen zwischen Hauptleistungspflichten, Nebenleistungspflichten und Schutzpflichten. Während die "Nebenleistungspflichten", wie schon der Name besagt, der Erbringung oder Erhaltung der Hauptleistung dienen sollen (z. B. Verpackungs-, Beförderungs- und Versicherungspflichten), sollen die Schutzpflichten vom Vertragszweck losgelöst sein und lediglich dem Schutz der sonstigen Rechtsgüter des Gläubigers einschließlich seines Vermögens dienen (2).

Gerade weil die Schutzpflichten nur das Bestandsinteresse schützen, scheinen sie von daher besonders geeignet, den Vertrag mit Schutzwirkung für Dritte, ebenfalls eine Rechtsfigur ohne primäre Leistungspflicht, in sich aufzunehmen. Darüber hinaus glauben die Vertreter der Vertrauenshaftung, ihre Lehre eigne sich besonders zur Begründung der von der Rechtsprechung mehrfach bestätigten "Berufshaftung" (3). Schon bei Ballerstedts (4) Untersuchung einer Haftung des

----

1) Canaris, JZ 1965, 475 (477)
2) Canaris, JZ 1965, 475; Thiele, JZ 1967, 649; Gerhardt, JZ 1970, 535 und JuS 1970, 597; Strauch, JuS 1982, 823
3) Vgl. o. S. 55 ff.
4) AcP 151, 501 (521, 524)

Stellvertreters aus culpa in contrahendo ist von einer Berufshaftung der Anwälte und Wirtschaftsprüfer die Rede, von "persönlicher Vertrauenswerbung" und davon, daß es bei diesen Berufsgruppen "auf das Ansehen, das ihr Berufsstand ihnen in den Augen Dritter verleiht", ankomme.

Die Lösung vom Vertrag, wie die Vertreter der Vertrauenshaftung es vorschlagen, hilft aber nur weiter, wenn gleichzeitig geeignete Abgrenzungsmerkmale zur sachgerechten Begrenzung des geschützten Personenkreises angeboten werden.

b) Die Lösungsversuche der Vertrauenshaftung

Zur Unterscheidung von Ballerstedts (1) Begriff von der "Gewährung in Anspruch genommenen Vertrauens" weist Canaris darauf hin, daß "nicht jede Vertrauensbeziehung...genügt, sondern nur eine solche im Hinblick auf einen (geplanten) Vertrag" (2). Da sich diese Aussage noch immer als recht unscharf erweist, folgen weitere Konkretisierungsversuche. Dogmatisch habe der Gesichtspunkt des Vertrauensschutzes dabei haftungsbegründende, der des rechtsgeschäftlichen Kontakts dagegen haftungsbegrenzende Funktion (3). Gegenüber dem rein "sozialen Kontakt" sei der "rechtsgeschäftliche Kontakt" zur Abgrenzung haftungsbegründenden Vertrauens von haftungsneutralem geeignet. Durch das Erfordernis der "Gerichtetheit", das der rechtsgeschäftliche Kontakt beinhalte, werde einer Ausuferung der Haftung ausreichend vorgebeugt. Es könne deswegen sogar darauf verzichtet werden, einen "unmittelbaren" geschäftlichen Kontakt zu verlangen (4).

----

1) AcP 151, 501 (521, 524)

2) VersR 1965, 116

3) Canaris, Festschrift Larenz 1983, S. 107

4) Canaris, aaO. S. 108

Thiele (1) begrüßt zwar den von Canaris beschrittenen Weg, "die Schutzpositionen Dritter...in erster Linie unter dem Gesichtspunkt ihrer eigenen tatsächlichen Einbeziehung in den Kontaktrahmen" zu würdigen, gibt jedoch zu, daß "die Streitfrage, wann eine solche Einbeziehung gerechtfertigt ist, ganz die gleiche bleibt", und daß "sie auch mit Hilfe der Vorstellung einer Sonderverbindung aus sozialem Kontakt noch nicht unmittelbar gelöst" ist. "Wo sich jedoch Lösungen abzeichnen, lassen sie sich wie es scheint, überzeugender und eindeutiger begründen und in das Haftungssystem einordnen, als das mit rechtsgeschäftlichen Argumenten je möglich sein wird." (2) Thiele fordert zwar, daß eine Sonderverbindung vorausgesetzt wird, die allerdings "keines rechtsgeschäftlichen Inhalts oder Ziels" bedürfe. Es könne auch ein sonstiger "sozialer Kontakt", z. B. ein Gefälligkeitsverhältnis, ausreichen (3).

Lorenz (4) meint, die rechtsgeschäftlichen Lösungen seien "nur um den Preis blutleerer Fiktionen zu halten", weshalb eine am Vertrauensgedanken orientierte "Haftung kraft geschäftlichen Kontaktes" vorzuziehen sei, bietet dabei jedoch nur eine Teillösung speziell für die Berufshaftung an, da diese Haftung lediglich bei "berufseinschlägigen" Auskünften eingreifen soll (5).

Der eigentliche Grund für die völlige Abkehr vom Vertrag klingt auch bei Honsell an: Die Lösung mit Hilfe der Schutzpflichten mindert das "Bedürfnis nach einer

----

1) JZ 1967, 649 (654)
2) Thiele, aaO.
3) aaO. S. 657
4) Festschrift Larenz 1973, 618
5) AaO. S. 619

Vertragsfiktion" (1). Im Anschluß an Lorenz (2) glaubt Honsell, mit einer Begrenzung der Haftung auf grobe Fahrlässigkeit einer unübersehbaren Ausweitung des geschützten Personenkreises ausreichend vorzubeugen (3). Denen, die Berufs- und Auskunftshaftung über die Rechtsfigur des "Vertrags mit Schutzwirkung für Dritte" lösen, hält Honsell entgegen, sie würden die "uferlose Ausweitung der Haftung", ja schließlich die "Auflösung der Grundprinzipien der Schuldrechtsdogmatik" fördern (4). Was immer man gegen die vom Bundesgerichtshof verwendete Formel vom "personenrechtlichen Einschlag" einwenden möge, so habe sie doch den Vorzug, "ein so problematisches Institut wie den Vertrag mit Schutzwirkung für Dritte in engen Grenzen zu halten" (5). Speziell zur Geeignetheit der Vertrauenshaftung bei Auskunft und Gutachten meint Honsell: "Von welchem Intensitätsgrad an ein Auskunftskontakt bejaht werden kann, ist eine Frage des Einzelfalles, die sich einer generellen Definition entzieht" (6).

c) Stellungnahme

Bezogen auf den Vertrag mit Schutzwirkung für Dritte ist Blomeyer (7), mit ein Vertreter der Vertrauenshaftung aufgrund bloßen "sozialen Kontakts", zu dem Ergebnis gelangt, daß beispielsweise schon die Aufnahme eines Gastes im Hause

----

1) JuS 1976, 621 (626)
2) Festschrift Larenz 1973, 618
3) JuS 1976, 621 (626)
4) AaO. S. 627
5) AaO.
6) AaO.
7) Allgemeines Schuldrecht, S. 114

- wenn auch aus rein gesellschaftlicher Gefälligkeit - einen haftungsauslösenden Vertrauenstatbestand setze, weil sich der Gast im Vertrauen auf die Einladung in den vom Gastgeber kontrollierten Gefahrenbereich begebe. An diesem Beispiel zeigt sich die "unbegrenzte Aufnahmefähigkeit" der Vertrauenshaftung, deren Abgrenzung vertraglicher von rein deliktischer Haftung bislang nirgendwo überzeugend dargelegt wurde.

Bestechend an der Vertrauenshaftung mag sein, daß es in der Tat kaum einen Fall aus der bisherigen Rechtsprechung zum Vertrag mit Schutzwirkung für Dritte gibt, den sie nicht bruchlos einordnen könnte. Allerdings waren ihre Vertreter bislang überwiegend damit beschäftigt, auf die unbegrenzten Möglichkeiten dieser Konstruktion hinzuweisen, ohne gleichzeitig ihre entscheidende Schwäche, nämlich das gänzliche Fehlen irgendwelcher Anhaltspunkte für eine Haftungsbegrenzung, beheben zu können.

Zu Recht hat Larenz (1) gegen die Lehre einer Haftung aus bloßem "sozialen Kontakt" eingewandt, daß schließlich auch zwei sich an einer Straßenkreuzung begegnende Kraftfahrer in ihrem Verhalten durch die Erwartung bestimmt werden, der andere werde sich richtig verhalten, und "jeder vertraue sich und seine Rechtsgüter für einen Augenblick damit der Sorgfalt des anderen an". Erst recht wird dies deutlich, wenn sich jemand im Straßenverkehr auf das Winken eines anderen Verkehrsteilnehmers verläßt, was bedeuten soll "Straße frei", wobei selbst in diesem gegenüber bloßer Begegnung "gesteigerten sozialen Kontakt" niemand eine auch nur vertragsähnliche Haftung annehmen würde.

----

1) MDR 1954, 515 (517)

Aber auch der "rechtsgeschäftliche Kontakt" ist als haftungsbegrenzendes Abgrenzungsmerkmal, entgegen der von Canaris geäußerten Auffassung (1), überfordert. Die Formel von der "Gerichtetheit" des rechtsgeschäftlichen Kontakts besagt wenig, zumindest wenn dieser Kontakt nicht mehr unbedingt "unmittelbar" zu sein braucht (2). An einer "Gerichtetheit" im Sinne des Schuldrechts fehlt es gerade, wenn kein "unmittelbarer" Kontakt mehr gegeben ist, da dann unvorhersehbar viele Personen betroffen sein können, was auf eine "Haftung für wen es angeht" hinausliefe. Es ist daher äußerst fraglich, ob der nur mittelbare rechtsgeschäftliche Kontakt allein geeignet ist, haftungsbegrenzende Funktion zu übernehmen, d. h. ob es mit seiner Hilfe möglich ist festzustellen, wo der "gesteigerte soziale Kontakt", also der rechtsgeschäftliche Kontakt aufhört und der rein deliktische soziale Kontakt beginnt (3).

Thiele (4) und Honsell (5) räumen ohnehin ein, daß die Frage einer Einbeziehung Dritter in das "einheitliche Schutzverhältnis" (6) erst von Fall zu Fall gelöst werden müßte. Sowohl Honsell als auch Canaris haben sich, trotz Kritik an der Formel der Rechtsprechung vom "personenrechtlichen Einschlag", für deren Beibehaltung ausgesprochen, da "das Kriterium der 'Fürsorgepflicht' durchaus einen gewissen Anhaltspunkt" (7) zur Abgrenzung des Personenkreises biete (8). Damit zeichnet sich für die Vertreter der

----

1) Canaris, Festschrift Larenz 1983, S. 107
2) Canaris, aaO. S. 108
3) So Picker, AcP 183, 411 ff.
4) JZ 1967, 649 (654)
5) JuS 1976, 621 (627)
6) Begriff von Canaris, JZ 1965, 475 (478)
7) Canaris, Festschrift Larenz 1983, S. 99
8) Honsell, JuS 1976, 621 (627)

Vertrauenshaftung allenfalls eine "Teillösung" ab, da sie offenbar letzlich auf die Herausbildung von Fallgruppen durch die Rechtsprechung setzen. Schulze (1) meint, immerhin "zeichnen sich in der Kasuistik...Umrisse für eine nähere Bestimmung und Eingrenzung der Vertrauenstatbestände bei der Dritthaftung ab".

Wenn so bedeutende Vertreter wie Canaris und Honsell den "personenrechtlichen Einschlag" doch zumindest teilweise weiterhin benötigen, so spricht dies nicht gerade für die Lösbarkeit des Drittschutzproblems durch die Vertrauenshaftung. Sie begeben sich in einen unlösbaren Widerspruch, wenn sie einerseits - um der vertraglichen Fiktion zu entkommen - eine vollkommen eigenständige Haftungsgrundlage empfehlen, die sich jeglicher vertraglicher Konstruktion entledigt wissen will, andererseits aber den erwiesenermaßen fingierten "personenrechtlichen Einschlag" benötigen, um damit eine - gerade im Zusammenhang mit der Vertrauenshaftung völlig willkürlich erscheinende - Begrenzung des geschützten Personenkreises zu erreichen.

Die entscheidende Schwäche der Vertrauenshaftung ist ihre Ungeeignetheit zur sachgemäßen Haftungsbegrenzung. Das Merkmal der "Gerichtetheit" (2) mindert diese Schwäche nicht, denn durch die völlige Abspaltung der Schutzpflichten vom Vertrag fehlt jeder Anhaltspunkt dafür, wer sich an wen "richtet". Auch eine Umschreibung in dem Sinne, daß "der in Anspruch Genommene eine besondere persönliche Vertrauenswerbung entfaltet hat" (3) stärkt zwar die Überzeugungskraft,

----

1) JuS 1983, 81 (84)
2) Canaris, Festschrift Larenz 1983, S. 95 und Lorenz Festschrift Larenz 1973, S. 618
3) Canaris, HGB-Großkommentar, Anhang zu § 357 Anm. 49

trägt jedoch ebensowenig zur Unterscheidung vertraglicher und deliktischer Haftung bei wie der Hinweis auf die gesteigerte Einwirkungsmöglichkeit auf die Rechtsgüter des Dritten (1). Canaris gibt selbst zu, daß "die Überzeugungskraft einer Einordnung in die Vertrauenshaftung dort abnimmt, wo es nicht um nachteilige Aufwendungen des Geschädigten selbst, sondern um Eingriffe des anderen Teils geht, also vor allem bei den Erhaltungspflichten zum Schutze von Leben, Gesundheit und Eigentum". Er bildete daher für diese absoluten Rechtsgüter, auf denen seit jeher die Hauptbedeutung des Vertrages mit Schutzwirkung für Dritte lag, eine eigene Fallgruppe der "Anvertrauenshaftung" (2). Da aber die Vertreter der Vertrauenshaftung trotzdem das Abgrenzungsmerkmal des "personenrechtlichen Einschlags" weiterhin benötigen, das doch wiederum nur dem geschlossenen oder auch nur angestrebten Vertrag entnommen werden kann, steht eine Lösbarkeit des Drittschutzproblems durch die Vertrauenshaftung nicht in Aussicht. Diese Lehre ist ihrer ganzen Anlage nach zu breit geraten, zumindest, soweit der Vertrag mit Schutzwirkung für Dritte betroffen ist. Zu Recht hat Keitel (3) darauf hingewiesen, daß die entscheidende Schwäche des "einheitlichen Schutzverhältnisses" (4) in der praktischen Undurchführbarkeit liegt.

----

1) Canaris, Bankvertragsrecht, 1. Kapitel, Rdnr. 12
2) Canaris, Vertrauenshaftung, S. 539 f.; ders. Festschrift Larenz 1983, 107
3) S. 73
4) Begriff nach Canaris, JZ 1965, 475 (478)

3. Weitere Versuche einer vertraglichen Haftung ohne Vertrag

a) Vertrauenshaftung bei einseitigem Leistungsversprechen

Ähnlich der Lehre von den einheitlichen Schutzpflichten hat Hans Stoll (1) versucht, den "gesteigerten sozialen Kontakt" nutzbar zu machen. Für eine vertragliche Bindung soll hiernach schon ausreichen, wenn "ein einseitiges Leistungsversprechen dem Empfänger zugeht und er von dem Versprechen Kenntnis erhält, es aber nicht zurückweist" (2). Eine Haftung aus "einseitigem Leistungsversprechen" sei zu Unrecht unter Berufung auf § 305 BGB abgelehnt worden mit der Begründung, daß "das Gesetz niemandem den Erwerb einer Forderung aus dem Leistungsversprechen eines anderen ungewollt aufdrängen will" (3). Die Abwehr einer schuldrechtlichen Begünstigung könne aber nach Stoll (4) kein ernstzunehmendes Rechtsproblem sein.

Die Theorie vom Vertrauensschutz bei einseitigem Leistungsversprechen habe den Vorteil, daß die "Vertragsfiktionen" überflüssig würden, wenn "zwar der Schutz des in Anspruch genommenen Vertrauens angebracht ist, die Parteien aber eine rechtsgeschäftliche Bindung nicht beabsichtigt haben" (5).
Zu der Frage, wann dieser Schutz des in Anspruch genommenen Vertrauens angebracht sei, meint Stoll, es seien "bei den

----

1) Festschrift Flume, S. 741 ff.
2) Hans Stoll, Festschrift Flume, 741 (748)
3) Stoll aaO. S. 749 unter Berufung auf Staudinger-(Kaduk), Bürgerliches Gesetzbuch (1967), Einleitung vor § 305, Rdz. 13
4) AaO.
5) Stoll aaO. S. 765

einzelnen Fallgruppen hierbei verschiedene Gesichtspunkte zu berücksichtigen und auch teilweise verschiedene Maßstäbe anzulegen. Auch die Bemessung des Vertrauensschadens...hat sich den Besonderheiten des einzelnen Falles anzupassen". (1)

Damit offenbart Stoll, daß die Theorie vom einseitigen Leistungsversprechen eine fallübergreifende Lösung nicht anbietet.
Canaris (2) hat darauf hingewiesen, daß Stolls Theorie vom einseitigen Leistungsversprechen ebenso wie die ergänzende Vertragsauslegung gem. § 157 BGB dem Leistungsschuldner einen Bindungswillen unterstellt, der tatsächlich nicht existiert. Die bloße Einseitigkeit eines Versprechens im Vertragsrecht, in welchem grundsätzlich Gegenseitigkeit erforderlich sei, spreche eher gegen als für eine Bindung.

Bloßes Schweigen ist nach unserem Bürgerlichen Recht im Regelfall keine Willenserklärung. Deshalb kommt grundsätzlich dann, wenn dem Empfänger ein einseitiges Leistungsversprechen zugeht und er von diesem Kenntnis erhält, es aber nicht zurückweist (3), eine Einigung nicht bindend zustande.

Andererseits soll der "Vertrauensschutz bei einseitigem Leistungsversprechen" einen "Leistungsanspruch", z. B. auf eine Auskunft gerade nicht geben, sondern nur die Verpflichtung schaffen, für deren Richtigkeit einzustehen. So hilft der Versuch Stolls, den Haftungsgrund vom Vertrag selbst zu trennen, und eine selbständige Haftungsgrundlage zu

----

1) Stoll aaO. S. 773
2) Festschrift Larenz 1983, S. 94
3) Stoll, aaO. S. 748

"erfinden", keineswegs weiter, da auch er die zentrale Frage nicht löst, worin der besondere außerdeliktische Haftungsgrund besteht - es sei denn, im "Vertrauen", das zur Konkretisierung nichts beitragen kann.

b) Selbstbindung ohne Vertrag

Köndgens Theorie von der "Selbstbindung ohne Vertrag" läuft ähnlich wie die Vertrauenshaftung bei einseitigem Leistungsversprechen darauf hinaus, die Drittschutzwirkung als originäre, quasi-vertragliche zu begreifen, die nicht vom Vertrag abgeleitet werden soll (1).

Es stellt sich die Frage, wann jemand "sich selbst bindet". Köndgen glaubt den geschützten Personenkreis sachgerecht zu begrenzen, indem er ihn "durch die Richtung des Rollenhandelns identifiziert" (2). Dies besagt allerdings nicht mehr als das von Canaris gebrauchte Merkmal der "Gerichtetheit" (3). Trotz "Richtung des Rollenhandelns" einerseits und "Rollenerwartungen" (des Dritten) andererseits ist das Problem nicht gelöst, wann beispielsweise die Träger bestimmter Berufsrollen (Sachverständige, Steuerberater, Wirtschaftsprüfer usw.) haften und ob sie als "Rollenträger" für jedes berufliche Tätigwerden einzustehen haben.

Ebensowenig wie § 242 BGB allein über die Pflichten bei Abwicklung eines Schuldverhältnisses etwas aussagt, können Rollenerwartungen an sich die Subsumtion erleichtern. Aus der sozialen Verpflichtung gewisser Berufsrollenträger

----

1) Köndgen, S. 365

2) AaO. S. 363

3) Festschrift Larenz, 1983, S. 95

ergibt sich zum anderen keine rechtliche Pflichtigkeit, da es Aufgabe des Gesetzgebers, notfalls der Gerichte ist - jedoch immer mit Blick auf das Gesetz -, in der Masse aller möglichen Handlungsweisen Fixpunkte haftungsbegründender Verstöße festzulegen.

Dies kann gerade dort nicht gelingen, wo eine sinnvolle Haftungsbegrenzung durch bloße Rollenerwartungen gegenüber rein deliktischer Haftung nicht möglich ist, weil die haftungsauslösenden Rollenverstöße nirgends festgelegt sind, es sei denn, sie würden aus dem drittschützenden Vertrag entnommen werden. Damit bestimmt sich die "Richtung des Rollenhandelns" letztlich doch nach dem Vertrag, von dem Köndgen meint, er sei als Haftungsgrundlage des Drittschutzes unnötig und wegen der Willensfiktionen der Rechtsprechung abzulehnen (1). Der Nutzen einer Loslösung vom Vertrag durch Selbstbindung bleibt sonach im Dunkeln. Vielmehr wird der Vertrag, von dem die Vertrauenshaftung sich gänzlich lösen möchte, dringend benötigt, da die Lösung des Problems, wann eine Haftung bei Fehlschlagen von Rollenerwartungen eintritt, einzig und allein der geschlossene oder auch nur angestrebte Vertrag bieten kann. Versuche, in dieser Richtung weiterzuarbeiten, können daher mit gutem Grund abgelehnt werden.

----

1) Köndgen, S. 365 (dort insbesondere Anm. 79)

4. Versuche einer Einordnung im Deliktsrecht

a) Gründe für die Abkehr vom Vertragsrecht und von vertragsähnlichen Konstruktionen

Einige Vertreter der Lehre meinen, daß die im Namen des Vertrags mit Schutzwirkung für Dritte ergangene Rechtsprechung in Wirklichkeit weder dem Vertragsrecht noch vertragsähnlichen Konstruktionen zugeordnet werden könne, da es in den meisten diesbezüglichen Entscheidungen in Wirklichkeit um Deliktsrecht gehe (1). Der Umstand, daß seit dem Anwaltsfall des Bundesgerichtshofs aus dem Jahre 1965 (2) der Vertrag mit Schutzwirkung für Dritte auch eine vermögensschützende Bedeutung erlangt habe, verwische nur vordergründig die genuin deliktsrechtliche Natur der geahndeten Pflichtenverstöße. In der Sache gehe es um Verkehrspflichten zum Schutz fremden Vermögens (3). Das Zurückbleiben des Deliktsrechts im Bereich des Vermögensschutzes einerseits, die unterschiedliche Ausgestaltung der Gehilfenhaftung in den §§ 278, 831 BGB andererseits, hätten zu "einer Erweiterung des deliktsrechtlichen Vermögensschutzes im Gewand des Vertragsrechts" geführt (4). Die Einordnung der einschlägigen Entscheidungen im Vertragsrecht befriedige einerseits nicht, andererseits reiche die Basis der vorhandenen Urteile aus, "um deliktsrechtliche Verkehrspflichten zum Schutz fremden Vermögens in Form von Berufspflichten anzuerkennen" (5). Der

----

1) Von Bar, Verkehrspflichten, S.220 ff.; ders., JZ 1979, 728; ders., JuS 1982, 637; Kreuzer, JZ 1976, 778; Mertens, AcP 178, 227
2) BGH, NJW 1965, 1955
3) Von Bar, Verkehrspflichten, S. 221 ff. (223)
4) Von Bar, aaO., S. 220 f.
5) von Bar, aaO., S. 233 f.

Vertrag mit Schutzwirkung zugunsten Dritter sei "nur ein Mißbrauch zur Umgehung des § 831 BGB", weshalb die "Auslagerung von Sachverhalten aus dem Deliktsrecht" nicht noch weiter betrieben werden sollte (1). Die in Wahrheit deliktsrechtliche Natur von Drittschutzwirkungen zeige auch die Erstreckung auf den vorvertraglichen Bereich im sog. "Gemüseblattfall" (2), wie Kreuzer (3) meint.

Die genannten Einwände sind nicht ganz von der Hand zu weisen. Die Rechtsprechung zum Vertrag mit Schutzwirkung für Dritte ließ die Gründe für ein Ausweichen ins Vertragsrecht durchaus erkennen: Die Exkulpationsmöglichkeit nach § 831 BGB sollte umgangen werden, die kurze Verjährungsfrist des § 852 BGB vermieden werden, oder verschuldensunabhängige Haftung im Mietrecht den Familienangehörigen des Mieters ebenso zugute kommen wie ihm selbst (4). Fraglich ist allerdings, ob die Einordnung der bisherigen Rechtsprechung zum Vertrag mit Schutzwirkung für Dritte im Deliktsrecht zu überzeugen vermag. Es sollen daher zunächst einmal die angebotenen Lösungsversuche im einzelnen dargestellt werden.

b) Deliktsrechtliche Lösungsvorschläge

Zunächst ist zu unterscheiden zwischen Einordnungsversuchen im Deliktsrecht de lege ferenda und solchen de lege lata. De lege ferenda sprechen sich Ulrich Huber (5) und Medicus (6)

----

1) Von Bar, Verkehrspflichten, S. 233
2) BGH, JR 1976, 456
3) JZ 1976, 778
4) Vgl. o. S. 66 ff.
5) Gutachten I, 742 ff. (743)
6) Gutachten I, S. 490

für eine Einordnung drittschützender Pflichten im Deliktsrecht aus. Nach Auffassung von Hopt (1) ist es die Hauptaufgabe des Deliktsrechts, sachgerechte Verkehrspflichten herauszubilden, nicht die des Vertrags- oder Quasi-Vertragsrechts. Von Caemmerer wies schon 1960 auf eine "deliktische Generalklausel" hin, wonach "jeder die vernünftigerweise zu erwartende Sorgfalt anzuwenden habe, um Schädigungen Dritter zu vermeiden" (2).

Eine Einordnung des Drittschutzrechts im derzeit geltenden Deliktsrecht verfechten von Bar (3) und Mertens (4).
Von Bar (5) hat in einer grundlegenden Arbeit die Entwicklung von der Verkehrssicherungspflicht zu "Verkehrspflichten" aufzuzeigen versucht. Diese "Verkehrspflichten" seien sog. "Verhaltensstandards", deren konkrete Ausgestaltung mangels gesetzlicher Regelungen durch die Rechtsprechung festzulegen wäre. Zur Einordnung im derzeit geltenden Deliktsrecht schlägt er im Hinblick auf die Gruppe von Berufspflichten, die gerade die Ersatzfähigkeit reiner Vermögensschäden im Auge hat, eine Einordnung in § 823 II BGB vor, wobei die beruflichen "Standards" als Schutzgesetze statuiert werden sollen, um das Hindernis des Schutzes von nur absoluten Rechtsgütern in § 823 I BGB zu umgehen (6).
Noch weiter geht Mertens (7), der das Deliktsrecht auf jeden Fall richterrechtlich durch einen "ungeschriebenen § 823 III BGB" erweitert sehen möchte, wobei es ihm gleichgültig ist,

----

1) AcP 183 (1983), 633
2) Von Caemmerer, DJT-Festschrift (Fußn. 97) S. 49 (80)
3) Verkehrspflichten, S. 220 ff.
4) AcP 178, 227 ff.
5) Verkehrspflichten, S. 220 ff.
6) Von Bar, JZ 1979, 729
7) AcP 178, 227 ff.

ob dieser in § 826 BGB durch Zurückschrauben der subjektiven Anforderungen angesiedelt wird, in § 823 I BGB durch Ausdehnung der geschützten Rechtsgüter, oder in § 823 II BGB.

Ihre Rechtfertigung finde die Einordnung im Deliktsrecht darin, daß schützenswertes Vertrauen ebenso sehr ein Entstehungsgrund von Verkehrspflichten und damit ein Haftungsgrund im Sinne des Deliktsrechts sei, wie es ein Haftungsgrund der vertragsähnlichen Vertrauenshaftung ist (1). Die aus dem gesetzlichen Schuldverhältnis herrührenden Pflichten hätten daher mindestens ebenso gut vom Deliktsrecht mit Hilfe der Verkehrssicherungspflichten entwickelt werden können. Wäre die heutige Haftung aus gesetzlichem Schuldverhältnis von Beginn an ins Deliktsrecht verlagert worden, so wäre die befürchtete Verwischung der Grenzen zwischen Vertrags- und Deliktsrecht vermieden worden.

c) Stellungnahme

Die Kritik richtet sich in erster Linie gegen die vorgeschlagenen Standorte. Gegen die Einordnung in § 823 II BGB wird vorgebracht, daß die Verkehrssicherungspflichten, die ein Unterfall der sog. "Verkehrspflichten" sein sollen, bisher immer unter § 823 I BGB subsumiert wurden, so daß der vorgeschlagene Standortwechsel etwas überrascht. Ferner wäre die Schwierigkeit zu überwinden, die Verhaltensnormen für Fachleute (sog. Berufsrollenhaftung) unter den Begriff "Gesetz" i. S. v. § 823 II BGB zu bringen. Dazu gelangt nur, wer die richterrechtlich herausgearbeiteten Standards als

----

1) Fischer, ZVglRWiss 83 (1984), S. 1 (31), unter Hinweis auf von Bar

"Rechtsnorm" i. S. d. Art. 2 EGBGB ansieht (1). Da auch die Verfechter der deliktsrechtlichen Lösung anerkennen, daß es eine allgemeine Pflicht, fremde Vermögensinteressen zu wahren, nicht gibt (2), sollen die bisher von der Rechtsprechung herausgearbeiteten Fallgruppen solche "Verkehrspflichten" schaffen. Damit ist keineswegs ein Vorteil gegenüber der bisher praktizierten Einordnung durch die Rechtsprechung als vertragsähnliche Haftung ersichtlich, wobei letztere immerhin wenigstens auf langjähriger Erfahrung aufbaut (3).

Gegen einen "ungeschriebenen § 823 III BGB" (4) wird eingewandt, damit wäre eine sog. "große deliktische Generalklausel" geschaffen, der das Bürgerliche Gesetzbuch mit den drei "kleinen deliktischen Generalklauseln" in den §§ 823 I, 823 II und 826 BGB eine klare Absage erteilt hat (5).

Daß die grundsätzliche Hereinnahme des Vermögensschutzes in das Deliktsrecht keine bloße Geschmacksfrage ist, hat Picker (6) nachgewiesen. Die von den Verfechtern der "großen deliktischen Generalklausel" vorgeschlagene Neuordnung des Deliktsrechts würde das bisherige Rechtssystem aus seinen wesentlichen Fundamenten heben. Eine deliktische Generalklausel nach dem Grundsatz, daß für jede Schädigung eines anderen, also für jede - auch mittelbare - Vermögensverletzung gehaftet werden müßte (Prinzip des "neminem laedere"), würde jegliches Handeln zu einem unübersehbaren

----

1) K. Huber, Festschrift von Caemmerer, S. 381 f.
2) K. Huber, aaO. S. 385
3) Lorenz, JZ 1966, 144
4) Mertens, AcP 178, 227
5) Canaris, Festschrift Larenz 1983, S. 95
6) AcP 183, 36

Risiko machen und so die allgemeine Handlungsfreiheit sowie insbesondere das Tätigwerden nach dem wirtschaftlichen Wettbewerbsprinzip bis zur Lähmung jeder Aktivität einschränken, weil der Kreis möglicher Anspruchsberechtigter von vornherein nicht feststellbar und so eine Kalkulation unmöglich wäre. Die Beschränkung auf die Haftung für nur absolute Rechtsgüter in § 823 I BGB stellt ihrem Zweck nach also nur eine Eingrenzung der potentiellen Gläubiger dar (1). Dagegen ist eine Ausklammerung des Vermögensschutzes im Vertragsrecht nicht notwendig, weil durch das Erfordernis der "Gerichtetheit" (2) der mögliche Gläubiger ein für allemal von vornherein feststeht (3).

Indessen kennt auch das Deliktsrecht Ersatz reiner Vermögensschäden, z. B. in § 826 BGB und in § 823 II BGB:
§ 826 BGB bietet eine sinnvolle Eingrenzung der Haftung schon dadurch, daß zwar für alle Schäden gehaftet wird, aber die besondere Handlungsweise (vorsätzliche sittenwidrige Schädigung) sanktioniert ist, und nur sie zur Haftung führt.
§ 823 II BGB stellt auf ein "Schutzgesetz" ab, was ebenfalls der Haftungsbeschränkung dient, da dieses die Qualität eines "Gesetzes" und somit einer Rechtsnorm i. S. d. Art. 2 EGBGB haben muß. Eine beliebige richterrechtliche Vermehrung solcher "Schutzgesetze" würde daher das Ziel des Gesetzgebers vereiteln, durch die tatbestandliche Klarheit wertungsmäßiger Vorentscheidungen gerade die Haftung für reine Vermögensschäden stark einzugrenzen (4).

----

1) Picker, AcP 183, 477
2) Canaris, Festschrift Larenz 1983, S. 95
3) Picker, AcP 183, 478, Schack, JZ 1986, 305
4) Picker, aaO. S. 499; Canaris, Festschrift Larenz 1983, S. 80

Somit laufen Vorschläge, auch nur de lege ferenda die Haftung aus Berufspflichten im Deliktsrecht anzusiedeln, überkommenen Wertungen zuwider, die sich als sinnvoll erwiesen haben. Insbesondere steht zu befürchten, daß solche Haftung, die sich dann als eine Haftung auch für mittelbare Schäden darstellt, auf eine "Haftung für wen es angeht" hinausliefe. Es geht im Bereich der Schutzpflichten nicht nur um die Verletzung bloßer "geschäftszweckneutraler Erhaltungsinteressen und damit funktionell um Deliktsrecht" (1), weil der Schädiger in all diesen Fällen nur in Verbindung mit einem Vertragsschluß oder der Anbahnung eines solchen Gelegenheit dazu erhält, die Rechtsgüter des Vertragspartners bzw. des Dritten zu verletzen. Neben diesem quasi-vertraglichen Schadensersatzanspruch bleibt dem Geschädigten der Ersatzanspruch aus Delikt erhalten, und nur insoweit stellt sich das Erhaltungsinteresse auch als Deliktsrecht dar, geht aber infolge des gegenüber dem allgemeinen Verkehr gesteigerten sozialen Kontaktes und der dadurch erhöhten Gefährdung der Rechtsgüter über reines Deliktsrecht hinaus.
Nicht allein das berufliche Tätigwerden einer Person - ohne jegliche vertragliche Berührung - kann schon zur Haftung führen, sondern erst aufgrund der besonderen Beziehungen der Parteien (aus der auch der Dritte seinen Schutzanspruch ableitet) werden Erhaltungsinteressen begründet (2).

Nach der derzeitigen Konstruktion unseres Deliktsrechts geht Bestandsschutz vor Werterhaltung. Schutzpositionen sind gleichrangig nur gegenüber unmittelbaren Eingriffen (3), weil sich der Gesetzgeber zu Recht für die freie Entfaltung

----

1) Brüggemeier, AcP 182, 422; Huber U., AcP 177, 319; J. Schmidt, AcP 178, 98 (103)
2) Picker, AcP 183, 445
3) Steffen, VersR 80, 409 (411) gegen Mertens, VersR 80, 397

der Persönlichkeit als vorrangiges Rechtsgut entschieden hat, die eine Beeinträchtigung von Vermögensinteressen anderer manchmal erfordert, wie insbesondere das Wettbewerbsprinzip verdeutlicht (1).
Vor dem Hintergrund dieser haftungsbeschränkenden Konstruktion des Deliktsrechts ist eine Ansiedelung der Berufsrollenhaftung in § 823 I BGB abzulehnen, weil dort eine Hereinnahme reiner Vermögensschäden zu einer uferlosen Haftung führen müßte, eine Unterscheidung nach unmittelbaren und mittelbaren Schäden andererseits aber unübersehbare Abgrenzungsschwierigkeiten zur Folge hätte (2).
Verkehrspflichten als Schutzgesetze aber würden den § 823 II BGB aus seiner bisherigen Ergänzungsfunktion im Verhältnis zu § 823 I BGB und § 826 BGB lösen und zur zentralen Norm des Deliktsrechts und großen deliktischen Generalklausel erheben, weil sich die unmittelbaren Eingriffe oftmals gleichzeitig als Verkehrspflichtverletzungen darstellen (3). Entgegen der Meinung von K. Huber (4) ist die "Plazierung" der Verkehrspflichten im Absatz 1 des § 823 BGB sehr wohl sachgerecht, weil der Gesetzgeber als Schutzgesetze zwar nicht allein Strafgesetze verstanden wissen wollte, aber doch grundsätzlich bewehrte Normen oder solche, die zumindest eine gesetzliche Konkretisierung der Wertung des § 826 BGB darstellen (5). Verkehrs(sicherungs)pflichten sind in erster Linie geschaffen worden, um die Problematik des Unterlassens in den Griff zu bekommen; durch die neuen Bestrebungen aber würde die Verkehrspflichtverletzung durch positives Tun von der Ausnahme zur Regel erhoben.

----

1) Canaris, Festschrift Larenz 1983, S. 36 f.
2) Canaris, aaO. S. 79
3) Wie die Beispiele von Canaris, Festschrift Larenz, S. 79 belegen.
4) Festschrift von Caemmerer, S. 377
5) Canaris, aaO. S. 76

Es zeigt sich also, daß die Gründe, welche gegen eine Einordnung von Drittschutzpflichten im Deliktsrecht - soweit die sog. Berufsrollenhaftung, sowie auch die in Umlauf gebrachten unrichtigen Dienstleistungszeugnisse (1) betroffen sind - vielschichtiger Natur sind und daß nicht lediglich eine einzige Schranke des positiven Rechts besteht, die durch in Verkehrspflichten konkretisierten Verhaltensnormen als Schutzgesetze des § 823 II BGB so ohne weiteres übersteigbar wäre, wie K. Huber (2) meint.

Von Picker (3) wurde überzeugend dargelegt, daß Verkehrspflichten als Schutzgesetze die sinnvollen Haftungsbeschränkungen durch das geltende Deliktsrecht beseitigen und es in seinem Kern zerstören würden.

Außerdem entfiele dann der gerade beim Vertrag mit Schutzwirkung für Dritte unschätzbare Vorteil, aus der Sonderverbindung Anhaltspunkte für die Bestimmung des geschützten Personenkreises zu entnehmen, da die Adressierung sowie der Inhalt der Erklärung Aufschluß über die Intensität des sozialen Kontakts geben können.

Versuche einer Einordnung der Drittschutzpflichten im bisher verstandenen Sinne in das Deliktsrecht können sonach nicht überzeugen. Es ist daher nach geeigneteren Möglichkeiten zu suchen.

----

1) Von Bar, JZ 1979, 728

2) Festschrift von Ceammerer, S. 377

3) AcP 183, 478

5. Gewohnheitsrecht

Nach Gernhuber (1) stellt der Vertrag mit Schutzwirkung für Dritte in Kernbereichen bereits Gewohnheitsrecht dar (2). Hätte Gernhuber recht, so würde dies die Frage nach einer Anerkennung des Vertrages mit Schutzwirkung für Dritte entscheiden, denn Gewohnheitsrecht wird vom Gesetzgeber (Art. 2 EGBGB, § 2 EGZPO) und von der Rechtsprechung (3) als Rechtsnorm behandelt.

Wegen seiner stark geschwundenen Bedeutung wird allerdings Gewohnheitsrecht heute weitgehend als entbehrlich angesehen. Esser (4) meint, der Begriff des Gewohnheitsrechts werde trotz der Schrumpfung seines Anwendungsgebietes in der Doktrin sehr oft zur Kennzeichnung moderner Rechtsbildungsformen herangezogen, die eigentlich ganz anderer Natur seien. Gesichert scheinende Erkenntnisse würden allzuleicht als "Gewohnheitsrecht" abgestempelt, weil eine vorbehaltlose Gleichstellung von richterlich fortgebildetem Recht und Gewohnheitsrecht aus der Überlegung heraus abgelehnt wird, daß "der Grund der Verbindlichkeit beim Gewohnheitsrecht die autonome Überzeugung des Volkes sei, beim Gerichtsgebrauch aber eine theoretische Meinung, welche vielfach wechsle und leicht dem Irrtum unterworfen sein könne" (5).

Gernhuber stützt seine Annahme, der Vertrag mit Schutzwirkung für Dritte stelle in Kernbereichen bereits Gewohnheitsrecht dar, auf eine jahrzehntelang praktizierte Rechtsprechung, die sich teilweise in ihrem Ergebnis ausreichend verfestigt habe, "ohne je auf ernsthaften Widerstand in der

----

1) Festschrift Nikisch, S. 269; ihm folgend Stuckart, S. 71
2) So auch Staudinger-Kaduk, Vorbem. zu §§ 328 ff., Rdz. 80
3) BVerfGE 15, 226
4) Festschrift Hippel, S. 95
5) Ders. aaO. S. 103

Rechtswissenschaft oder gar der Bevölkerung gestoßen zu sein" (1). Von bloßem Richterrecht unterscheidet sich Gewohnheitsrecht aber nach gebräuchlicher Definition durch eine langdauernde gleichmäßige Übung und eine allgemeine Rechtsüberzeugung (2).

Wenn sich auf einem der Anwendungsgebiete des Vertrags mit Schutzwirkung für Dritte Richterrecht einen derart hohen Grad von Geltung verschafft hat, daß es möglicherweise als Gewohnheitsrecht gelten könnte, so käme wohl hierfür die Rechtsprechung zu den Wohnraummietverträgen in Frage. Daß es aber an einer derartigen allgemeinen Rechtsüberzeugung in der Bevölkerung und bei den beteiligten Kreisen auch insoweit fehlt, zeigt sich bereits daran, daß die Rechtsprechung immer wieder mit Rechtsstreitigkeiten in typischen Drittschutzfällen dieses Bereichs befaßt wird.

In unserem System der mehr oder weniger freien Marktwirtschaft ist davon auszugehen, daß ein erhöhtes Risiko durch ein erhöhtes Entgelt auszugleichen ist, und dennoch wird erstaunlicherweise der Mietzins noch immer nach den Merkmalen der Wohnung selbst berechnet (Größe usw.), und nicht nach der Zahl der Familienangehörigen, denen der Vermieter nach der Rechtsprechung zum Vertrag mit Schutzwirkung für Dritte unmittelbar haftet - ohne besondere Gegenleistung, zumindest soweit es sich um nachträglich in die Wohnung aufgenommene Familienangehörige handelt (z. B. neugeborenes Kind) (3). Dies zeigt, daß sich die Vermieter trotz mehr als 70-jähriger Rechtsprechung zum Vertrag mit Schutzwirkung für Dritte nicht bewußt sind, daß sie den Familienangehörigen wie dem Mieter selbst haften. Die Folge einer allgemeinen

----

1) Festschrift Nikisch, S. 269

2) Larenz, Methodenlehre, S. 341

3) Kümmeth, S. 120 f.

Rechtsüberzeugung müßte hier sein, daß die Vermieter bei Vertragsabschluß versuchen würden, diese Drittschutzwirkung auszuschließen. Derartige Drittschutzausschlußklauseln finden sich aber nicht einmal in sog. "Einheitsmietverträgen". Sogar in der einschlägigen Literatur begegnet man auch heute noch - geringem - Widerstand gegen jegliche Annahme einer unmittelbaren Drittschutzwirkung (1).

Demnach fehlt es in bezug auf den Vertrag mit Schutzwirkung für Dritte zur Feststellung von Gewohnheitsrecht an einer allgemeinen Rechtsüberzeugung der Gemeinschaft, als deren Ausdruck sich die ständige Übung darstellen müßte. Eine derartige Übung ist jedenfalls dann nicht als Ausfluß eines allgemeinen Rechtsgeltungswillens anzusehen, wenn sich der Rechtsverkehr lediglich unter dem Druck einer diesbezüglichen Rechtsprechung auf eine bestimmte Entscheidungspraxis eingestellt hat, weil diese Übung dann nicht von dem Bewußtsein ihres Gebotenseins getragen ist. Verfolgt man die Rechtsprechung zum Vertrag mit Schutzwirkung für Dritte, so kann man feststellen, daß die Gerichte der Gemeinschaft ihre Entscheidungen aufzwingen mußten, und anhand einer herausgebildeten Kasuistik versucht wird, die aufoktroyierten Folgen in möglichst engen Grenzen zu halten. Dies äußert sich gerade dadurch, daß jede Ausdehnung auf ähnliche Lebenssachverhalte (z. B. Gutachter-, Bankenhaftung) durch die Gerichte in der Literatur sehr umstritten ist.
Auch wegen der "noch immer bestehenden Unschärfe des Anwendungsbereichs dieses Konstrukts" kann der Vertrag mit Schutzwirkung für Dritte den Rang von Gewohnheitsrecht nicht beanspruchen (2).

----

1) Böhmer, JR 1965, 219; E. Wolf, Schuldrecht II, 1978, S. 357; Ziegler, JuS 1979, 328
2) Assmann, JuS 1986, 885 (887); ebenso Soergel-Hadding, Anhang zu § 328, Rdz. 8

6. Richterliche Rechtsfortbildung

Man kann wohl behaupten, daß der Vertrag mit Schutzwirkung für Dritte nach heute herrschender Meinung auf einer "richterlichen Rechtsfortbildung nach § 242 BGB" beruht (1). Wie die Darstellung und Analyse der Rechtsprechung gezeigt hat, verdankt der Vertrag mit Schutzwirkung für Dritte seine Entstehung und Entwicklung allein der Rechtsprechung. Darüber hinaus mußte festgestellt werden, daß sich der Vertrag mit Schutzwirkung für Dritte in keines der Rechtsinstitute des gesetzten Rechts einordnen läßt. Die richterliche Rechtsfortbildung an sich ist allerdings nach herrschender Meinung keine eigenständige Rechtsquelle (2). Es wird aber behauptet, daß das Rechtsinstitut des Vertrags mit Schutzwirkung für Dritte auf einer richterlichen Rechtsanwendung, nämlich des § 242 BGB, beruhe (3). Allerdings stellt sich die Frage, ob Gerichte überhaupt legitimiert sind, ein eigenständiges Rechtsinstitut zu schaffen.

a) Zulässigkeit richterlicher Rechtsfortbildung

Nach allgemeiner Auffassung sind die Gerichte zur Rechtsfortbildung befugt, da die Rechtsprechung nach Art. 20 Abs. 3 GG nicht nur an das Gesetz, sondern auch an das Recht gebunden ist, und das "Gesetz" nur ein Teil des "Rechts" sei (4). Auch aus § 137 GVG kann eine

----

1) Münchener Kommentar-Gottwald, § 328, Rdz. 62; Winterfeld, S. 62; Larenz, Schuldrecht AT, § 17, II; Sonnenschein, JA 1979, 225 (227); Keitel, S. 76 ff. (161)
2) Fikentscher, Methoden des Rechts, Bd. III, S. 718
3) Vgl. grundlegend Kümmeth, S. 140 ff.
4) Esser, Festschrift Hippel, S. 95 (118); Stein, NJW 1964, 1745 (1748); Larenz, Methodenlehre, S. 351

Legitimation zur Schaffung von Recht hergeleitet werden, das nicht mehr bloßer Subsumtion des Gesetzes entspricht, sondern darüber hinausgeht (1). In erster Linie gebührt es aber dem Gesetzgeber, Gesetze und damit "Recht" zu erlassen. Gegen die Legitimation des Richters zur Rechtsfortbildung wird eingewandt, der Richter sei gegenüber dem parlamentarischen Apparat weit weniger in der Lage, die Tragweite seiner Entscheidung zu überblicken, weil er nicht wie jener in einem sich aus vielen Quellen entwickelnden Gesetzgebungsverfahren stehe und nicht eine vergleichbare Füllen an Informationen besitze. Dem ist allerdings das heute immer dringlicher werdende Problem eben dieses umfangreichen Gesetzgebungsverfahrens gegenüber zu stellen und die Tatsache, daß gerade wegen dieser Fülle auf den Gesetzgeber einstürzender Probleme er immer weniger in der Lage ist, die Gesetze auf den aktuellen Stand zu bringen, wodurch Rechtsnotstände akut werden können. Es handelt sich hierbei vor allem um "die Fälle, in denen die Entwicklung der Technik, der wirtschaftlichen und der sozialen Verhältnisse die Regelung eines Bereichs erforderlich machen, der früher ungeregelt bleiben konnte, weil er unbedeutend war und keine besonderen Rechtsprobleme aufwarf" (2).

Darüber hinaus kann nicht unberücksichtigt bleiben, daß die Gesetzgebungsorgane manchmal aus politischen Gründen sich nicht mehr in der Lage sehen, größeren potentiellen Wählergruppen entgegenstehende Interessen im Gesetzgebungsverfahren zu vertreten. Diese unliebsame Aufgabe überlassen sie daher den Gerichten (3).

----

1) Esser, Grundsatz und Norm, S. 243

2) Larenz, Methodenlehre, S. 360 f.

3) Robert Fischer, S. 19; Diederichsen, S. 8

Sollte aber die Rechtsprechung einmal den Absichten der Gesetzgebungsorgane zuwider laufen, so kann der Gesetzgeber jede Frage an sich ziehen, und so die lediglich subsidiäre Rechtsetzung der Gerichte korrigieren (1). Eines der gerade greifbaren Beispiele hierfür sind die Beschlüsse des Bundesfinanzhofes, wonach betriebsbezogene Bußgelder als Betriebsausgaben abgesetzt werden können (2) sowie das dagegen in Gang gekommene Gesetzgebungsverfahren (3).

Wenn auch die Gerichte anerkanntermaßen zur Rechtsfortbildung befugt sind, so kann diese Berechtigung nicht schrankenlos sein, da nach dem Grundgesetz der Gesetzgeber den Vorrang hat, während die Gerichte bei der Rechtsetzung nur subsidiäre Funktion ausüben.

b) Methoden richterlicher Rechtsfortbildung

Im Anschluß an Larenz (4) werden heute zwei Stufen erlaubter Rechtsfortbildung unterschieden: die "gesetzesimmanente" und die "gesetzesübersteigende" Rechtsfortbildung. Während die gesetzesimmanente (praeter legem) Rechtsfortbildung der Schließung von Gesetzeslücken dient, erfolgt die gesetzesübersteigende (extra legem) Rechtsfortbildung - ohne das Bestehen einer Lücke vorauszusetzen - aus Rücksicht auf dringende Erfordernisse des Rechtsverkehrs oder ein

----

1) Von Caemmerer, Ges. Schriften III, S. 154
2) BGH, BStBl 1984, 160 u. 166 = Entscheidung vom 21.11.1983
3) Gesetz zur Änderung des Einkommensteuergesetzes und Kirchensteuergesetzes vom 25.07.1984: Änderung des § 4 Abs. 5 S. 1 Nr. 8 Einkommensteuergesetz
4) Methodenlehre, S. 351

rechtsethisches Prinzip (1). Darüber hinaus wurde noch der Begriff einer "Rechtsfortbildung contra legem" gebildet, der aber eine unzulässige Rechtsfortbildung, da gegen das Gesetz, bezeichnen soll.

Wie weit die Befugnis zu richterlicher Rechtsfortbildung reicht, ist zwar umstritten, jedoch ist man sich einig, daß zulässige Rechtsfortbildung dort ansetzt, wo eine bloße Auslegung des Gesetzes nicht weiterhilft, weil das Gesetz eine Regelung gar nicht enthält (2). Da dem Richter durch das Prinzip der Gewaltenteilung (Art. 20 Abs. 2 und 3 GG) Grenzen gesetzt sind, soll das Merkmal der "Gesetzeslücke" die Unterscheidung zum "rechtspolitischen Fehler des Gesetzes" ermöglichen, da die Rechtsprechung nicht zu einer generellen Vervollständigung des Gesetzes aufgerufen ist. In diesem Sinne wird der Begriff der "Gesetzeslücke" als "planwidrige Unvollständigkeit des Gesetzes" verstanden (3). Wo nur Gesetzeslücken gefüllt werden, bewege der Richter sich in den Grenzen gesetzesimmanenter Rechtsfortbildung. Aus seiner Rechtsgewährungspflicht heraus soll der Richter zur Lückenausfüllung sogar verpflichtet sein, da er eine Entscheidung gar nicht verweigern dürfe (4). Eine gesetzesübersteigende Rechtsfortbildung, d. h. eine solche über die Teleologie des Gesetzes selbst hinaus, jedoch innerhalb der

----

1) Larenz, Methodenlehre, S. 404 ff.; Fikentscher, Methoden des Rechts, Bd. III, S. 718 ff.; Canaris, Die Feststellung von Lücken im Gesetz, S. 17 ff.
2) Larenz, Methodenlehre, S. 354; Canaris, Die Feststellung von Lücken im Gesetz, S. 198; Fikentscher, Methoden des Rechts, Bd. III, S. 718 ff.
3) Larenz, Methodenlehre, S. 358
4) Larenz, aaO., S. 351 f.

leitenden Prinzipien der Gesamtrechtsordnung (1), könne nur durch eine "Notlage rechtlicher Art" (2) gerechtfertigt werden. Diese Stufe der Rechtsfortbildung setzt nicht eine Gesetzeslücke voraus, sondern ist dort möglich, wo das Gesetz selbst zwar vollständig ist, weil es eine bestimmte Regelung für den zu entscheidenden Fall gar nicht fordert, jedoch aufgrund eines Prinzips der Gesamtrechtsordnung das so gewonne Ergebnis untragbar wäre. Überwiegend spricht man hier von einer "Rechtslücke" (3).

c) Vertrag mit Schutzwirkung für Dritte als Fall einer zulässigen Rechtsfortbildung

aa) Gesetzesimmanente Rechtsfortbildung

Nach herrschender Meinung versteht man unter einer Gesetzeslücke - wie ausgeführt - eine "planwidrige, d. h. der gesetzgeberischen Regelungsabsicht zuwiderlaufende Unvollständigkeit" des Gesetzes (4). Es ist daher zu prüfen, ob die Nichtregelung des Vertrags mit Schutzwirkung für Dritte in den §§ 328 ff. BGB dem Plan des Gesetzgebers zuwiderläuft. Dies wäre zu bejahen, wenn anzunehmen ist,

----

1) Larenz, aaO., S. 351; Fikentscher, Methoden des Rechts, Bd. III, S. 724 ff.
2) Herschel, Arbeit und Recht 1983, 353 (354)
3) Den Begriff abl. Larenz, Methodenlehre, S. 360 ff.
4) Fikentscher, Methoden des Rechts, Bd. III, S. 719; Larenz, Methodenlehre, S. 358; Canaris, Lücken im Gesetz, S. 16

daß der Gesetzgeber im Bürgerlichen Gesetzbuch den Schutz Dritter auch für den Fall habe regeln wollen, daß der Dritte einen eigenen Leistungsanspruch nicht erhält.

Die Grundkonzeption des Bürgerlichen Gesetzbuchs geht aber, wie sich aus § 241 BGB ergibt, vom Zweiparteiensystem aus. § 241 BGB erwähnt nur den Gläubiger und den Schuldner. Man kann § 241 BGB, wie Keitel (1), auch so verstehen, daß allein der Gläubiger berechtigt sei, von dem Schuldner eine Leistung zu fordern. Picker (2) hat überzeugend aufgezeigt, daß die Konzeption unseres Bürgerlichen Gesetzbuches im Vertragsrecht eine Begrenzung geschützter Rechtsgüter nur deshalb nicht benötigt, weil eine hinreichende Haftungsbeschränkung durch das dort angeordnete Relativitätsprinzip eintritt. Dies bedeutet, daß das Relativitätsprinzip eine unerlässliche Grundvoraussetzung des Vertragsrechts zur Haftungsbegrenzung darstellt. Würde das Zweiparteiensystem im Vertragsrecht aufgegeben, käme die großzügigere vertragliche Haftung (z. B. Haftung auch für Vermögensschäden, für den Erfüllungsgehilfen usw.) praktisch "Jedermann" zugute. Der Vertragsschuldner könnte das eingegangene Risiko kaum noch kalkulieren.

Dem Relativitätsprinzip als übergreifendem Grundsatz im Vertragsrecht steht nicht entgegen, daß dort ausdrücklich Drittwirkungen angeordnet sind: §§ 328, 556 Abs. 3, 604 Abs. 4, 618 Abs. 3 BGB. Die bedeutendste Durchbrechung des Relativitätsprinzips stellen zweifellos die §§ 328 ff. BGB dar.

----

1) S. 94

2) AcP 183, 477

Weil aber das Relativitätsprinzip dem Vertragsrecht übergeordnet ist, stellen die genannten Durchbrechungen Ausnahmen dar, die nicht verallgemeinerungsfähig sind. Es ist daher nicht anzunehmen, daß der Gesetzgeber einen Drittschutz ohne Leistungsanspruch regeln wollte. Das Prinzip des Zweiparteiensystems im Vertragsrecht entspricht vielmehr durchaus der gesetzgeberischen Absicht.

In bezug auf die §§ 328 ff. BGB ist im übrigen darauf hinzuweisen, daß auch beim Vertrag zugunsten Dritter letztlich der Dritte an der Entstehung dieses Vertrages nicht mitgewirkt hat, und hierauf allein kommt es letztlich an. Auch beim Vertrag zugunsten Dritter weiß der Schuldner genauestens, mit wem er es zu tun hat, so daß seine Haftung überschaubar bleibt.

Eine Gesetzeslücke liegt demnach nicht vor (1). Zu prüfen bleibt daher, ob die Rechtsprechung in zulässiger Weise eine sog. "Rechtslücke" gefüllt hat.

bb) Gesetzesübersteigende Rechtsfortbildung

Diese zweite Stufe zulässiger Rechtsfortbildung (2) geht über den Rahmen einer bloßen Lückenausfüllung hinaus, hat sich aber an einem gesetzesübergreifenden Rechtsgedanken zu

----

1) Gesetzesimmanente Rechtsfortbildung praeter legem bejahen aber: Musielak, Haftung für Rat, Auskunft und Gutachten, S. 38; Winterfeld, S. 56 ff.; Keitel, S. 93 (100)
2) Larenz, Methodenlehre, S. 402 f.; Fikentscher, Methoden des Rechts, Bd. III, S. 724 ff.; Canaris, Lücken im Gesetz, S. 35 ff.

orientieren. Der Anlaß für eine solche Rechtsfortbildung ist nicht eine Unvollständigkeit des Gesetzes, sondern dessen Ergänzungsbedürftigkeit, wobei rechtspolitische Fehler des Gesetzgebers im Grundsatz nicht durch Richterrecht korrigierbar sind (1).

Larenz unterscheidet zwischen Rechtsfortbildung "mit Rücksicht auf die Bedürfnisse des Rechtsverkehrs", auf die "Natur der Sache" und auf "ein rechtsethisches Prinzip" (2). Mit Rücksicht auf die "Natur der Sache" sei z. B. Gleiches gleich und Ungleiches ungleich zu behandeln, sog. Gerechtigkeitsprinzip (3). Immer muß gesetzesübersteigende Rechtsfortbildung aber "im Einklang mit den allgemeinen Prinzipien der Rechtsordnung und der verfassungsmäßigen Wertordnung bleiben" (4).

Nach Canaris (5) handelt es sich hier um sog. "Prinzip- oder Wertungslücken" nach dem von ihm vertretenen "weiten" Lückenbegriff, wonach eine Lücke dann gegeben ist, wenn eine "planwidrige Unvollständigkeit innerhalb des positiven Rechts, gemessen am Maßstab der gesamten geltenden Rechtsordnung" (6) vorliegt. Canaris meint also keine bloße Gesetzeslücke, sondern eine "Rechtslücke", wobei das "Recht" die über das bloße Gesetz hinausgehende Gesamtrechtsordnung darstellt.

Ob man nun mit Canaris hier eine "Prinzip- oder Wertungslücke" sieht, oder aber sich der Auffassung von Larenz anschließt, wonach ein "Plan" des Gesetzgebers im Hinblick auf

----

1) Larenz, Methodenlehre, S. 359
2) Larenz, aaO., S. 398 ff.
3) Larenz, aaO., S. 402
4) Larenz, aaO., S. 398
5) Lücken im Gesetz, S. 198
6) AaO.

die Gesamtrechtsordnung nicht existiere (1), jedenfalls wird allgemein richterliche Rechtsfortbildung "mit Rücksicht auf ein unabweisbares Bedürfnis des Rechtsverkehrs, ein in seiner Bedeutung erst später erkanntes Rechtsprinzip, oder ein Verfassungsprinzip" (2) für zulässig gehalten (3).

Der Schutz des Dritten allein durch Deliktsrecht wurde immer wieder für unzureichend gehalten, wie die Entwicklung der Rechtsprechung gezeigt hat. In den bahnbrechenden Fallgruppen der Wohnungsmiete, Beförderungsverträge und Krankenhausverträge, die den Vertrag mit Schutzwirkung für Dritte dogmatisch zum Entstehen gebracht haben, zeigt sich, daß das Gerechtigkeitsprinzip, verankert in Art. 3 GG, eine Ablehnung von Schadensersatzansprüchen, wie sie sich nach dem Deliktsrecht ergeben würde, in Frage gestellt hätte:
Der in der Regel als Anspruchsgegner finanziell allein interessante Fuhrunternehmer haftet gem. § 831 BGB für Verschulden des Fahrzeugführers nicht, wenn dieser sorgfältig ausgewählt ist. Die für den Fahrgast günstigere Haftung des Unternehmers über § 278 BGB kommt nur über eine Sonderverbindung in Betracht. Wenn nun infolge der Zufälligkeiten (bzw. zur Vereinfachung) des täglichen Lebens beispielsweise der Familienvater für Ehefrau und Kinder den Vertrag mit abschließt, dürfen nach einem Unfall die beförderten Personen nicht unterschiedlich behandelt werden.
Ebenso widerspräche im Mietrecht (4) eine verschiedene Behandlung des Mieters und dessen Ehefrau, die in der

----

1) So auch Fikentscher, Methoden des Rechts, S. 721 zur Entstehung von Wertungslücken durch die fortschreitende Entwicklung
2) Larenz, Methodenlehre, S. 397 f.
3) Herschel, Arbeit und Recht 1983, 353 (354); Fikentscher, Methoden des Rechts, S. 726
4) Vgl. z. B. RGZ 102, 232

Mietwohnung zu Schaden kommen, dem Gleichbehandlungs- oder Gerechtigkeitsprinzip. Daß der Vermieter den außer dem Mieter selbst sich berechtigterweise in den Mieträumen aufhaltenden Personen weniger haften sollte als seinem Vertragspartner, der sich von den anderen nur durch den Zufall seiner Unterschriftsleistung unter den Mietvertrag unterscheidet, dürfte kaum mit dem Gleichbehandlungsgebot vereinbar sein. Wo die Krankenkasse mit dem Krankenhaus einen Heilbehandlungsvertrag zugunsten ihres Mitglieds abschließt, kann ausschließlich der Kranke, nicht jedoch die Krankenkasse durch die Leistungserbringung betroffen sein (1).

Anhand der genannten Fälle zeigt sich, daß das Auseinanderfallen von Vertragspartner und durch die Leistung Betroffenem oftmals auf reinem Zufall oder bloßer Praktikabilität beruht. Das strikte Beharren auf dem Relativitätsprinzip hätte zu einer unterschiedlichen Behandlung rechtlich gleichliegender Sachverhalte geführt. Das minderjährige Kind z. B. darf nicht anders behandelt werden, je nachdem ob es selbst durch den Vater als Stellvertreter einen Beförderungsvertrag abschließt, oder ob der Vater nur für sich abschließt, das Kind aber in seiner Begleitung zu Schaden kommt. Da das Recht in diesen Fällen einen Anspruch nicht gewährt, kann man es insoweit als lückenhaft bezeichnen. Die Rechtsprechung zum Vertrag mit Schutzwirkung für Dritte hat also grundsätzlich in zulässiger Weise eine Rechtslücke gefüllt. Das geschaffene Rechtsinstitut beruht auf zulässiger gesetzesübersteigender Rechtsfortbildung.

Kümmeth (2) kommt in einer eingehenden Untersuchung zur Rechtsgrundlage zu dem Ergebnis, daß der Vertrag mit

----

1) RG, Warneyer 1915, S. 306 Nr. 203
2) S. 140 ff.

Schutzwirkung für Dritte (noch) der gesetzesübersteigenden, also nach herrschender Meinung zulässigen Rechtsfortbildung zuzuordnen sei, da unser Zivilrecht einer Drittschutzwirkung von Verträgen nicht entgegen stehe, der Vertrag mit Schutzwirkung für Dritte also nicht "contra legem" gebildet sei. Die herrschende Auffassung geht von "richterlicher Rechtsfortbildung nach § 242 BGB" aus (1).

Wenn nun der Vertrag mit Schutzwirkung für Dritte, wie festgestellt, auf zulässiger richterlicher Rechtsfortbildung beruht, so ist noch immer nicht das Problem gelöst, in welchen künftigen Fällen, da jeder neue Fall von den bisher entschiedenen im Sachverhalt abweichen wird, der Dritte in den Schutz eines Vertrages einbezogen ist. Es kommt also darauf an, den Tatbestand der vertraglichen Schutzwirkung zugunsten Dritter festzustellen.

----

1) Münchener Kommentar-Gottwald, § 328, Rdz. 62; Winterfeld, S. 82; Larenz, Schuldrecht AT, § 17, II; Sonnenschein, JA 1979, 225 (227); Keitel S. 76 f. (161)

B. Zu den Tatbestandsvoraussetzungen

1. Diskussionsgrundlage

1.1. Zusammenfassung der von der Rechtsprechung zur Diskussion gestellten Abgrenzungsmerkmale

Anhand der Rechtsprechungsanalyse haben sich im wesentlichen folgende Merkmale herauskristallisiert, die der anspruchsberechtigte Dritte zu erfüllen hat:

a) Der Dritte muß sich in Leistungsnähe befinden, d. h. er hat zwar keinen Anspruch auf die Hauptleistung selbst, kommt jedoch bei deren Erbringung zu Schaden.

b) Der Gläubiger muß dem Dritten zu Schutz und Fürsorge verpflichtet sein wie ein Vater seiner Familie, ein Arbeitgeber seinen ihm anvertrauten Arbeitnehmern, oder ein Vermieter seinen Mietern (1). Eine solche Fürsorgepflicht ist aber nicht immer erforderlich, bzw. es können die Grundsätze, einen personenrechtlichen Einschlag zu verlangen "unnötig eng" (2) sein.
Eine Haftung für den Dritten kann sich auch aus dem Vertragszweck ergeben.

c) Leistungsnähe, Fürsorgepflicht bzw. Vertragszweck müssen für den Schuldner vorhersehbar gewesen sein.

Als relativ unumstritten können die Merkmale der Leistungsnähe und der Vorhersehbarkeit für den Schuldner bezeichnet werden. Die widerstreitende Diskussion hat sich seit jeher vor allem darauf bezogen, ob das Abgrenzungsmerkmal der "Fürsorgepflicht" zur sachgemäßen Bestimmung des zu schützenden Personenkreises geeignet sei.

----

1) BGH, VersR 1959, 1009
2) BGHZ 69, 82

1.2. Brauchbarkeit des "Fürsorgeverhältnisses" als Abgrenzungsmerkmal

Am historischen Ablauf der Entwicklung der Rechtsprechung zum Vertrag mit Schutzwirkung für Dritte zeigt sich u. a., wie man auf das Abgrenzungsmerkmal der Fürsorgepflicht des Gläubigers gegenüber dem Dritten gekommen ist: Ausgehend von dem typischen Zweipersonenverhältnis beim Vertrag suchte man zunächst nach Motiven der Vertragspartner, den Dritten in den vertraglichen Schutz mit einzubeziehen. Da der Schuldner regelmäßig an dem Schutz des Dritten kein Interesse hatte, lag es nahe, das Verhältnis des Gläubigers zu dem Dritten heranzuziehen. Die ersten typischen Fallkonstellationen wie Miet-, Personenbeförderungs- und Krankenhausbehandlungsverträge wiesen dabei auf den Familienvater, der - nach dem damaligen Rollenverständnis - allein rechtsgeschäftlich handelnd nach außen hin auftrat, andererseits aber an dem Wohlergehen von Ehefrau und Kindern wegen der nahen verwandtschaftlichen Beziehung ebenso interessiert war wie an seinem eigenen Schutz.

Schon sehr bald drängten sich Zweifel an der Brauchbarkeit des "Fürsorgeverhältnisses" als Abgrenzungsmerkmal auf. Vereinzelt nahm die Rechtsprechung, wo sie glaubte eine Haftung nicht versagen zu dürfen, keine Rücksicht auf diese grundsätzlich unüberwindbar geltende Begrenzung nach Fürsorgepflichten (1).

Letztlich ist festzustellen, daß das "Fürsorgeverhältnis" als Abgrenzungsmerkmal bis auf wenige Ausnahmefälle über Jahrzehnte hinweg beibehalten wurde. Die Meinung in der Literatur, welche ein Fürsorgeverhältnis mit

----

1) Vgl. o. S. 92 ff.

personenrechtlichem Einschlag verlangt, dürfte immerhin noch als die herrschende bezeichnet werden (1). Aus der Befürchtung, der Vertrag mit Schutzwirkung für Dritte verliere sonst jede klare Begrenzung, zieht es auch Medicus (2) mangels geeigneterer Tatbestandsmerkmale vor, an dem Erfordernis eines personenrechtlichen Einschlags festzuhalten. Berg (3) wendet sich ausdrücklich gegen eine Ausweitung des "Fürsorgeverhältnisses" im Sinne einer bloßen "Obhutspflicht". Ohne nähere Begründung halten auch Emmerich (4), Brox (5), Dierichs (6) und Gansweid (7) heute noch an einer Begrenzung des geschützten Personenkreises durch das Merkmal des personenrechtlichen Einschlags fest (8).

Weimar (9) sieht als Grenzfall noch zu schützender Personenkreise z. B. die Hausgehilfin an, will aber "aus sozialen Erwägungen" auch noch dem Untermieter "die Rechtswohltat des Wohnraummietvertrages mit Schutzwirkung für Dritte zuteil werden lassen", jedenfall sollen aber nicht Lieferanten und Besucher geschützt sein. Nicht klar erkennbar ist, ob Flume (10) an dem Merkmal der Fürsorgepflicht mit personenrechtlichem Einschlag festhält, da er von "den Leuten des Berechtigten" spricht, und beispielhaft "die Angehörigen", "die von ihm Beschäftigten", aber auch "seine Gäste" aufzählt.

----

1) Diesen Schluß ziehen auch Strauch, JuS 1982, 823 (826); Krause, JZ 1982, 16 f.
2) Bürgerliches Recht, Rdz. 845
3) JuS 1977, 363 (364); NJW 1978, 2018
4) JuS 1976, 465 (466)
5) Allgemeines Schuldrecht, Rdz. 378
6) WM 1976, 1078
7) JA 1978, 329
8) So auch RGRK-Ballhaus, § 328, Rdz. 83 und Alternativkommentar-Dubischar, § 328, Rdz. 15
9) ZMR 1970, 225 (226)
10) Allgemeiner Teil des BGB II, S. 331

Der Rechtsprechung zum "Fürsorgverhältnis" stimmt auch Schmidt (1) zu mit dem Argument, daß die beteiligten Kreise aus vornehmlich sozialen Abhängigkeitsverhältnissen mit familiärem, sozial- oder arbeitsrechtlichem Fürsorgecharakter es typischerweise nicht in der Hand hätten, sich gegen die gemeinten Gefahren eigenständig vertraglich abzusichern. In diesem Sinne sollen "Geschäftspartner des Gläubigers, die diesem zwar auch ihre Güter anvertraut haben mögen, aber weder dazu gezwungen noch ohne Einfluß auf eine entsprechende Haftungsgestaltung waren", nicht in den Schutzbereich des Vertrages fallen.

Neuerdings hat sich als Ergebnis einer grundlegenden Arbeit Keitel (2) wieder für die Beibehaltung des Fürsorgeverhältnisses als Abgrenzungsmerkmal ausgesprochen, wobei er zwei verschiedenartige Fallgruppen des Vertrags mit Schutzwirkung für Dritte annimmt: Einmal den Schutz von Familienangehörigen, zum anderen "die übrigen Fälle".

Aus der Befürchtung, ein unüberschaubarer Personenkreis, der - streng nach dem Gesetz - nur deliktischen Schutz genießen würde, komme plötzlich in die Rechtswohltat vertraglicher Haftung, hielt man also an diesem Abgrenzungsmerkmal fest, obwohl sich nach und nach immer mehr Ungereimtheiten aufdrängten: Gab man dem minderjährigen Sohn, der bei der Straßenbahnfahrt mit seinem Vater verletzt wurde, einen Anspruch, so konnte man ihn dem rein zufälligen, nicht zur Familie gehörigen Droschkenbegleiter schlecht versagen (3), obwohl es an einem personenrechtlichen Einschlag in diesem

----

1) Esser-Schmidt, Schuldrecht, S. 567
2) S. 163
3) OLG Hamburg, OLG Rechtsprechung 23, 46

engen Sinn gesetzlicher Fürsorgepflicht ebenso fehlte wie beim Ausflug eines Vereins, bei dem allen beförderten Personen vertragliche Haftung zugesprochen wurde (1).

Gab es schon bei den herkömmlichen Sachverhalten Ungereimtheiten, so häuften sich diese zusehens mit der Hereinnahme einer Haftung für reine Vermögensschäden in das Rechtsinstitut des Vertrags mit Schutzwirkung für Dritte (2). Um diese Ungereimtheiten auszuräumen, wurde von einigen Vertretern der Forschung und Lehre nach einem neuen, generell brauchbaren Abgrenzungsmerkmal gesucht.

----

1) OLG Hamburg, Das Recht 1907 Nr. 3469

2) Vgl. o. s. 70 ff.

2. Vorschläge, vom "Fürsorgeverhältnis" abzurücken

2.1. Ausweitung zu bloßen "Obhutspflichten"

Ein Teil der Literatur wagte ein vorsichtiges Vorwärtstasten - ausgehend vom Fürsorgeverhältnis - und hielt es für einen brauchbaren Weg, die Fürsorgepflicht im Sinne des herkömmlichen personenrechtlichen Einschlags zu einer bloßen "Obhutspflicht" auszuweiten, um so die Aufnahmefähigkeit des Rechtsinstituts zu erweitern, wo es sich als zu eng erwies.

a) Bydlinski

Sehr früh schon, im Jahre 1960, hat Bydlinski (1) versucht, den Anwendungsbereich des Vertrages mit Schutzwirkung für Dritte auszudehnen auf alle, an denen der Gläubiger "ein sichtbares eigenes Interesse" hat. Nach seiner Erläuterung würde sich das so auswirken, daß - am Beispiel des Mietvertrages - der vom Mieter ausdrücklich, wenn auch rein gesellschaftlich Eingeladene vertraglich geschützt wäre, der Zufallsgast dagegen nicht (2).

Abgesehen davon, daß diese Formel die Fälle reinen Vermögensschutzes, also in erster Linie der Berufshaftung, nicht in sich aufnehmen könnte, sich dieses Problem aber Bydlinski vom zeitlichen Ablauf her auch noch gar nicht stellte, wäre damit eine echte nachträgliche Risikoerhöhung für den Schuldner vorprogrammiert. Es hinge nämlich allein vom Gläubiger ab, wem der Vertragsschutz zugute käme. Der Schuldner hingegen hätte hierauf keinerlei Einfluß, da nur der Mieter

----

1) JBl 1960, 359
2) Bydlinski, aaO., S. 363

es in der Hand hat zu bestimmen, wie viele Personen er in die Mietwohnung einläßt. Bydlinski erkennt sehr wohl, daß seiner Abgrenzung eine gewisse Willkür innewohnt, wenn er sich so rechtfertigt: Unrecht geschehe dem ungeschützten (Zufalls-)Besucher damit gewiß nicht, denn er habe mangels eines eigenen Vertrauens- und Entgeltsverhältnisses zum Vermieter zunächst eben kein Recht, dessen gesteigerte Fürsorge mit voller Gehilfenhaftung in Anspruch zu nehmen. Wenn er durch einen Vertrag, an dem er nicht beteiligt ist (Mietvertrag) diese besonders geschützte Rechtsstellung nicht erlangt, so könne er sich schwerlich darüber beklagen (1).

Es drängt sich dann aber die Frage auf, aus welchem rechtlichen Prinzip denn der vom Mieter eingeladene Besucher "diese besonders geschützte Rechtsstellung erlangt". Daß das Interesse des Mieters im Einzelfall dem Zufallsgast weniger gelten soll als dem ausdrücklich eingeladenen Besucher, überzeugt nicht. Die Suche Bydlinskis ist bestimmt von dem Bestreben, den mit dem personenrechtlichen Einschlag seiner Meinung nach zu eng gezogenen Personenkreis einerseits auszuweiten, ihm andererseits irgendwo eine Grenze zu setzen, und sei die Grenzziehung auch zufällig.

b) Strauch

Strauch will den Kreis derer, die sich mit Drittschutzberechtigung in Leistungsnähe befinden, dadurch näher umschreiben, daß er eine "rechtliche Schutzpflicht, aber keine Fürsorgepflicht" verlangt, wie sie beim "Postboten, Milchmann oder Zeitungsboten" besteht (2). Es sollen auf diese

----

1) JBl 1960, 359 (363)
2) JuS 1982, 823 (827)

Weise alle Dritten geschützt werden, "an deren Schutz der Gläubiger ein rechtliches Interesse hat". Ausgeschlossen sollen dagegen nur alle diejenigen sein, "die ohne den Willen des Gläubigers nur zufällig mit der Leistung des Schuldners in Berührung kommen, wie ungebetene Vertreter, Bettler, Diebe, Hausierer". Es sollen auch jene ausscheiden, die sich zwar mit Willen des Gläubigers in Leistungsnähe aufhalten, "für die der Gläubiger rechtlich jedoch nicht schutzpflichtig ist", wie z. B. die Geliebte (1).

Die beispielhafte Aufzählung weist bereits auf eine sehr weite Ausdehnung des geschützten Personenkreises hin. Eine "rechtliche Schutzpflicht" läßt sich letztlich gegenüber jeder Kontaktperson konstruieren. Deliktsrechtliche "Schutzpflichten" bestehen auch gegenüber dem Hausierer und Bettler, z. B. wenn dieser bei Eisglätte und Verletzung der Streupflicht zu Schaden kommt. Woran es hier fehlt, ist die Klärung, was die Schutzpflicht gegenüber dem Postboten, Milchmann oder Zeitungsboten im Verhältnis zum Vermieter zu einer vertraglichen macht!

Da die Hereinnahme der aufgeführten Beteiligten zu einer echten Risikohäufung für den Vermieter führen würde, darf auch ein besonderer Grund für die Einbeziehung dieser Personenkreise in den Vertrag mit Schutzwirkung für Dritte gefordert werden. Das andere Abgrenzungsmerkmal der Vorhersehbarkeit einer Dritthaftung für den Schuldner darf nicht gänzlich vernachlässigt werden.

Strauch würde sogar - entgegen dem Bundesgerichtshof - auch dem Stromabnehmer im oben bereits erwähnten "Stromkabelfall" (2) und den Letztabnehmern aus Kaufvertrag gegen den

----

1) JuS 1982, 823 (827)
2) BGH, NJW 1977, 2208

Produzenten (1) Drittschutz gewähren: Hieran zeigt sich die fast unbegrenzte Dehnbarkeit der "rechtlichen Schutzpflichten".

c) Puhle

Puhle wendet sich entschieden dagegen, "das Verhältnis zwischen Gläubiger und Drittem ganz außer acht zu lassen, und nur noch an das Verhältnis des Dritten zum Leistungsgegenstand anzuknüpfen". Der Kreis der geschützten Personen werde sonst unüberschaubar. Maßgebend müsse weiterhin das Verhältnis Gläubiger - Dritter sein (2). Voraussetzung sei aber nicht, "daß ein persönliches oder gar freundschaftliches Verhältnis zwischen Gläubiger und Drittem besteht, sondern nur, daß aufgrund besonderer Umstände, seien es auch nur nachbarschaftliche oder geschäftliche Kontakte, zwischen zwei Personen ein gegenseitiges Näheverhältnis besteht" (3).

Eine Abgrenzung nach "personellem Näheverhältnis" würde die Ausdehnung des geschützten Personenkreises noch mehr fördern als eine Abgrenzung nach rechtlichen Schutzpflichten. Keinen Drittschutz soll nach Puhle der "zufällig vorbeigehende Passant, der von herabstürzenden Teilen verletzt wird", hiernach erlangen. Wer einen geschäftlichen Kontakt zum Gläubiger (beispielsweise des Mietvertrages) anstrebt, soll hingegen geschützt sein. Dabei ist jedoch unklar, welcher Grad eines geschäftlichen Kontakts bereits ausreichend sein soll. Man könnte nicht einmal mehr die von Strauch (4)

----

1) BGHZ 51, 91; BGH, NJW 1974, 1503
2) Puhle, S. 69 f.
3) AaO. S. 72
4) JuS 1982, 827

genannten Beispiele wie ungebetene Vertreter und Hausierer ausklammern, da auch diese einen geschäftlichen Kontakt anstreben und gezielt die "Nähe" des Mieters suchen.

Abgesehen von der Schwierigkeit, haftungsbegründende "Näheverhältnisse" von haftungsneutralen zu scheiden, gibt es keinen sachlichen Grund, warum der Nachbar, der im System des Bürgerlichen Gesetzbuches durch die §§ 906 ff. BGB ganz klar nur gegen bestimmte Schadensarten gegenüber "Jedermann" besonders geschützt ist, plötzlich vertragliche Ansprüche gegen den Werk- oder Bauunternehmer des angrenzenden Grundstückseigentümers haben sollte. Daß der Nachbar möglicherweise "genauso schutzbedürftig wie der Bauherr oder seine Angehörigen ist" (1), kann allein eine Haftungserstreckung auf ihn nicht rechtfertigen. Hierzu bedürfte es zumindest der andernfalls drohenden Verletzung eines grundrechtlich geschützten Prinzips. Es wird aber niemand annehmen, daß eine haftungsrechtliche Ungleichbehandlung des in dem zu reparierenden Haus wohnenden Mieters und des Grundstücksnachbarn wegen Verletzung des Gerechtigkeitsprinzips untragbar sei.

d) Urban

Urban versucht in seiner Dissertation, das Problem einer Konkretisierung von vertraglichen Obhutspflichten gegenüber Dritten durch die Figur des "Obhutsgaranten" einer Lösung zuzuführen. Dabei sollen Grundsätze und Rechtsprechung zur strafrechtlichen Garantenstellung des Täters bei Unterlassungsdelikten für die Bestimmung eines zivilrechtlichen "Obhutsgaranten" nutzbar gemacht werden (2). Da beide

----

1) Puhle, S. 71
2) Urban, S. 136 f.

Rechtsgebiete vor dem gleichen Problem stünden, nämlich feststellen zu müssen, "unter welchen Voraussetzungen bestimmte Personen zueinander in eine rechtlich relevante Sonderbeziehung treten" (1), habe der vorgeschlagene Weg den Vorteil einer im Strafrecht "gefestigten Kasuistik" anzubieten (2).

Gleichzeitig muß Urban jedoch einräumen: "Die Frage, wann und auf welche Weise eine strafrechtlich relevante Garantenstellung entsteht, ist auch heute nicht abschließend geklärt."(3) Hinzu kommt: Was im Strafrecht anerkannt ist, muß auf das Zivilrecht nicht ohne weiteres übertragbar sein. Den wesentlichen Unterschieden der beiden Rechtsgebiete entspricht es beispielsweise, daß Urban folgerichtig eine Obhutspflicht zum Schutze des Vermögens Dritter, also jede Berufs- und Expertenhaftung für Dritte, ablehnt (4). Allerdings fehlt der Nachweis für einen im Zivilrecht liegenden Grund, der die Ausgrenzung dieser Fälle erforderlich macht.

e) Stellungnahme

Im Ergebnis ist also festzustellen, daß alle Versuche, den Begriff der "Fürsorgepflicht" auszudehnen zu einer bloßen "Schutzpflicht" oder gar nur einem "personellen Näheverhältnis", dem Anliegen nicht gerecht werden, den geschützten Personenkreis in sachlich begründeter Weise abzugrenzen. Bei dem Bestreben, das Merkmal der "Fürsorgepflicht" den neueren Sachverhalten betreffend reine Vermögensschäden anzupassen,

----

1) Urban, S. 138
2) AaO.
3) AaO. S. 136
4) AaO. S. 148 f.

wird der Personenkreis bei den herkömmlichen Fallgruppen, z. B. Miete, ins Uferlose ausgedehnt. Alle Versuche, die beim Verhältnis des Gläubigers zum Dritten ansetzen, scheitern daran, daß sie entweder nicht geeignet sind, die Fälle, in denen es um reine Vermögensschäden geht, in sich aufzunehmen, oder daß sie den Sachverhalten betreffend Körper- und Eigentumsverletzungen nicht gerecht werden können, weil der unbegrenzten Aufnahmefähigkeit dieser Merkmale die Unfähigkeit zur Trennung von vertraglicher und deliktischer Haftung entspricht. Das Problem der Abgrenzung des geschützten Personenkreises kann daher nur gelöst werden, indem ein vollkommen neuer Ansatzpunkt gewählt wird.

2.2. Die Abgrenzungsversuche der "Vertrauenshaftung"

Die Vertreter der Vertrauenshaftung (1) können das Verdienst für sich in Anspruch nehmen, tatsächlich einen völlig neuen Lösungsansatz gefunden zu haben, indem sie zumindest behaupten, den Vertrag selbst nicht zu benötigen. Der Anspruch des Dritten stütze sich nämlich auf "gesetzliche" Schutzpflichten. Die Frage, von welchen Voraussetzungen die Entstehung solcher einerseits gesetzlicher, andererseits quasivertraglicher Schutzpflichten abhängig sein soll, wird unterschiedlich beantwortet. Grundsätzlich kristallisieren sich zwei Meinungsgruppierungen heraus: Solche, die Vertrauenshaftung auf die Haftung von Fachleuten beschränken, und andere, die eine Allgemeingültigkeit ihrer Lehre für alle möglichen Lebenssachverhalte vertreten.

----

1) Lorenz, Festschrift Larenz 1973, S. 618; Canaris, JZ 1965, 475 und Festschrift Larenz 1983, S. 107; Thiele, JZ 1967, 649; Honsell, JuS 1976, 621; Gerhardt, JZ 1970, 535

a) System eines "einheitlichen Schutzverhältnisses"

Grundsätzlich geht es hier immer um ein bestimmtes Verhalten des vertraglichen Schuldners, das beim geschädigten Dritten ein besonderes persönliches Vertrauen veranlaßt hat (1). Die "Theorie eines einheitlichen Schutzverhältnisses" (2) soll die "gesetzliche" Natur der Schutzpflichten, die bislang als solche aus culpa in contrahendo, positiver Vertragsverletzung und Vertrag mit Schutzwirkung für Dritte bezeichnet wurden, herausstellen.

Voraussetzung für die Einbeziehung ist, daß die Vertrauensbeziehung im Hinblick auf ein Vertragsverhältnis entstanden ist, d. h. durch einen geschäftlichen, richtungsbedürftigen Kontakt, der zwischen Schuldner und Drittem hergestellt wird (3). So soll der haftungsneutrale rein soziale Kontakt durch das Erfordernis einer Teilnahme am rechtsgeschäftlichen Verkehr eine Haftungsbegrenzung ermöglichen. Das Merkmal der "Gerichtetheit" (4) wird nicht weiter präzisiert. Wenn hierzu ausgeführt wird, "der geschäftliche Kontakt kommt nicht zufällig zustande wie der deliktische", bzw. "er wird vielmehr zielstrebig herbeigeführt, ohne jedoch den beidseitigen Handlungsspielraum vertraglich auszufüllen" (5), so ist dies nichts anderes als eine Umschreibung, die zur Konkretisierung nichts beiträgt.

----

1) Ballerstedt, AcP 151, 501 ff. (507); Canaris, Die Vertrauenshaftung, S. 532 ff.; Nirk, Festschrift Hauss 1978, S. 267 ff.; Hohloch, NJW 1979, 2369 (2372)
2) Begriff von Canaris, VersR 1965, 114 (117) und JZ 1965, 475 (478)
3) Canaris, VersR 1965, 114 (117); Schulze, JuS 1983, 81 (84); Thiele, JZ 1967, 649 (652); Honsell, JuS 1976, 626; Gerhardt, JuS 1970, 597 (599)
4) Canaris, Festschrift Larenz 1983, S. 107
5) Müller-Graff, JZ 1976, 153 (155)

Gerade die Vorstellung von einem "einheitlichen Schutzverhältnis", wie von Canaris vorgeschlagen (1), droht den Unterschied zwischen einerseits culpa in contrahendo und positiver Vertragsverletzung, andererseits dem Vertrag mit Schutzwirkung zugunsten Dritter zu verwischen. Wo das Relativitätsprinzip nicht berührt wird, insbesondere bei der positiven Vertragsverletzung, umschreibt das Merkmal der "Gerichtetheit" ohnehin nur, was im Vertragsrecht selbstverständlich ist, daß nämlich Schadensersatz nur fordern kann, wer einen Vertragsabschluß nachweisen kann. Problematischer wird die Feststellung, in welcher Richtung ein vertraglicher Kontakt angebahnt wurde, schon bei der culpa in contrahendo. Der Vertrag mit Schutzwirkung für Dritte aber zeichnet sich geradezu dadurch aus, daß er auf einer Durchbrechung des Relativitätsprinzips beruht, und damit das haftungsbegrenzende System einer "Gerichtetheit des rechtsgeschäftlichen Kontakts" verloren geht (2).

Wegen der selbst erkannten Schwäche der Vertrauenshaftung, deren Lösung des Drittschutzproblems noch aussteht, soll einstweilen in Teilbereichen das Kriterium der "Fürsorgepflicht" beibehalten werden (3), um nur irgendeine - sei es auch zufällige - Haftungsbegrenzung zu erreichen. Nachdem aber feststeht, daß das Merkmal des "personenrechtlichen Einschlags" überholt ist, hat die Vertrauenshaftung ihr Versprechen nicht einlösen können, das Drittschutzproblem von einem neuen Ansatzpunkt her einer Lösung zuzuführen.

----

1) JZ 1965, 475 (478)

2) Darauf hat Picker, AcP 183, 411 ff. zu Recht hingewiesen.

3) Canaris, Festschrift Larenz 1983, S. 99; Honsell, JuS 1976, 621 (627)

b) Berufsrollenhaftung

Berufshaftung (1) versteht sich als Einstandshaftung von Fachleuten kraft ihrer Vertrauen erweckenden beruflichen Stellung und der damit verbundenen gesellschaftlichen Rolle (2). Haftungsgrund sei, daß der Dritte auf die berufliche Kompetenz eines solchen Rollenträgers vertrauen dürfe und daher den Berufsangehörigen (in Abgrenzung zum Privatmann) besondere Verkehrspflichten zum Schutze fremden Vermögens treffen (3).

Der anspruchsberechtigte, Drittschutz genießende Personenkreis soll - speziell für den Bereich der Auskunftshaftung - "durch das Erfordernis eines besonderen geschäftlichen Auskunftskontakts" (4) gewährleistet sein, aber eben beschränkt auf die Haftung von Vertretern bestimmter Berufe, die öffentliches Ansehen und Vertrauen genießen. Die Reichweite solcher Berufshaftung soll "durch die Richtung des Rollenhandelns" sowie die "notwendige Adressatbezogenheit" beruflicher Äußerungen begrenzt werden (5). Diese Hinweise bringen, wenn auch beschränkt auf die Träger bestimmter Berufsrollen, gegenüber dem "geschäftlichen, richtungsbedürftigen Kontakt" keinerlei brauchbare Haftungsbegrenzung. Es bliebe letztlich der Rechtsprechung überlassen, Inhalt und Reichweite der "Berufspflichten" im einzelnen herauszuarbeiten, so daß eine "Vertrauenshaftung kraft beruflicher Stellung" das Problem einer Einbeziehung in den vertraglichen Schutzbereich nicht löst.

----

1) Begriff von Hopt, AcP 183, 608 (682)
2) Hopt, aaO.; Lammel, AcP 179, 337 (359 ff.); Köndgen, S. 360 ff.
3) Hopt, AcP 183, 705 f.
4) Hopt, Berufshaftung und Berufsrecht, Festschrift Robert Fischer 1979, S. 237 (252)
5) Köndgen, S. 363 f.

2.3. Lösungsversuche, welche an die vertragliche Leistung anknüpfen

Einige Vertreter der Literatur suchten einen völlig neuen Lösungsansatz im Sinne der oben (1) aufgezeigten Tendenz der Rechtsprechung, wonach nicht mehr die (persönliche) Beziehung des Gläubigers zu dem Dritten, sondern der Vertrag selbst, also das Verhältnis der Parteien zueinander, für die Einbeziehung Dritter maßgeblich sein soll. Es soll auf das Verhältnis, das der Dritte zu der vertraglichen Leistung einnimmt (2), ankommen und nicht darauf, ob der Vertragsgläubiger dem Dritten besonders verpflichtet ist oder nahesteht. In Unterscheidung zu der von der herrschenden Lehre (noch) vertretenen Anknüpfung an einen personenrechtlichen Einschlag zwischen Gläubiger und Drittem wählten die im folgenden behandelten Meinungen einen "leistungsbezogenen" Ansatz.

a) Gernhuber

Als erster hat Gernhuber darauf hingewiesen, daß richtigerweise eine beschränkte Teilnahme an fremden Schuldverhältnissen dort stattfinden solle, "wo die mit einer Leistung verbundenen Gefahren nach der Anlage des Schuldverhältnisses einen Dritten mindestens ebenso stark wie den Gläubiger treffen, und dort wo die mit einer ungenügenden Sicherung der Gläubigersphäre verbundenen Gefahren einen Dritten schuldnergleich treffen, weil er unter Billigung des Schuldverhältnisses die Leistung für den Schuldner erbringt" (3).

----

1) S. 91

2) Musielak, Haftung für Rat, Auskunft und Gutachten, S. 38

3) Gernhuber, Festschrift Nikisch, S. 249 (270)

Gernhuber genügt also bereits eine mindestens gläubiger- bzw. schuldnergleiche Gefährdung des Dritten (1). Er hat damit eine Formel gefunden, die geeignet ist, sowohl die neueren Fälle zum Ersatz reiner Vermögensschäden als auch die herkömmlichen Sachverhalte, die von der Rechtsprechung anhand des Merkmals der Fürsorgepflicht entschieden wurden, aufzunehmen. Bei letzteren ist damit in mancher Hinsicht noch eine Ausweitung des Personenkreises gegenüber der bisherigen Rechtsprechung möglich, wie die Untersuchung bestimmter Fallgruppen durch Gernhuber selbst zeigt (2), weil ein personenrechtlicher Einschlag des Gläubigers gegenüber dem Dritten nicht mehr erforderlich ist. Im großen und ganzen scheint es, die Rechtsprechung habe Gernhubers Formel schon bisher unbewußt und mit wenigen Abweichungen angewandt. Gernhubers Vorschlag bietet einen wesentlichen Fortschritt, weil er im Gegensatz zum "Fürsorgeverhältnis" jeglicher die Überzeugungskraft herabsetzender Vertragsfiktion entbehrt und außerdem der neueren Tendenz der Rechtsprechung gerecht wird, den Vertrag mit Schutzwirkung für Dritte auch auf reine Vermögensschäden anzuwenden. Trotz dieser Vorzüge hat sich Gernhubers Meinung bis heute, mehr als dreißig Jahre nach ihrer Veröffentlichung, noch nicht durchgesetzt. Der Grund hierfür liegt in der Befürchtung vor einer unüberschaubaren Ausdehnung des geschützten Personenkreises (3). Diese Gefahr ist bei Gernhubers Formel nicht ganz unberechtigt, wie das Beispiel der Wohnungsmiete zeigt. Zwar erklärt Gernhuber, die Besucher, Gäste und Lieferanten seien unproblematisch nicht unter den Vertrag mit Schutzwirkung für Dritte einzuordnen, weil deren Berührung mit der Wohnung viel zu flüchtig sei, um die Gefahren einer mangelhaften

----

1) Ähnlich Erman-Westermann, § 328, Rdz. 12, der eine "tatsächliche Leistungsnähe des Dritten" fordert; sowie Palandt-Heinrichs, § 328, Anm. 3 d) aa), der eine bestimmungsgemäße Leistungsberührung fordert.
2) Gernhuber, Festschrift Nikisch, S. 249 (271 f.)
3) So z. B. Schütz, S. 171

Leistung ebenso intensiv zu erfahren wie der Wohnungsinhaber (1), jedoch scheint dieses Ergebnis durch das Abgrenzungsmerkmal der "gläubigergleichen Gefährdung" durchaus nicht gesichert. Gernhuber geht offenbar von einer zeitlichen Komponente der Gefährdung aus. Man könnte sich aber ohne weiteres auf den Standpunkt stellen, daß der Besucher wegen der räumlich so intensiven Berührung mit der Wohnung ebenso stark wie der Gläubiger gefährdet sei.

Die Schwäche dieser Formel zeigt sich auch an dem von Gernhuber erwähnten Beispiel des Maschinenkaufes (2), wenn er vorträgt, die zur Vorführung gekaufte Maschine lasse einen weiteren Personenkreis am Schuldverhältnis teilnehmen. Gernhuber meint hier erkennbar den Zuschauerkreis. Diese Erweiterung sei gerechtfertigt, wenn der Verwendungszweck dem Verkäufer bekannt sei, denn er könne entsprechend kalkulieren. Demnach müßte also eine Vorführmaschine teurer sein als jede andere baugleiche Maschine. In der Praxis müßten dann die Haftpflichtversicherungsprämien für Vorführmaschinen ungleich höher ausfallen; diese wären wiederum auf den Kaufpreis umzulegen. Man käme dann auf unterschiedliche Preise, je nach dem Verwendungszweck einer Maschine. Tatsache ist aber, daß auch heute noch der Preis einer Maschine allein nach ihrem Herstellungsaufwand kalkuliert wird.

Es zeigt sich also, daß Gernhubers Formel erst der Erläuterung bedarf, um ihre Bedeutung herauszustellen, was gewiß nicht für ihre vorbehaltlose Brauchbarkeit spricht. Eine Konkretisierung erscheint unumgänglich.

----

1) Festschrift Nikisch, S. 271

2) AaO., S. 272 f.; kritisch dazu auch Winterfeld, S. 99

b) Assmann

Assmann will aus der Erkenntnis, daß das "Wohl und Wehe"-Kriterium als willkürlich erscheint, den Drittschutz von der Beziehung des Gläubigers zum Dritten gänzlich lösen, und statt dessen abstellen auf die typischerweise aus einem Schuldverhältnis erwachsenden Risiken hinsichtlich des Integritätsinteresses des Dritten nach dem Muster der Begründung deliktischer Verkehrspflichten (1). Da angesichts der Verfestigung des Vertrages mit Schutzwirkung für Dritte eine Rückführung zum Deliktsrecht weder zu erwarten sei noch verlangt werden könne, solle zwar die Zuordnung zum Vertragsrecht bestehen bleiben, aber die subjektivierende Anknüpfung an das Gläubigerinteresse aufgegeben werden. Assmann weist darauf hin, daß "dennoch die Schwierigkeit der Begrenzung des Anwendungsbereichs" (2) bleibe, da die Rechtsprechung neue Kriterien nicht mitgeliefert habe.

Zu Recht wird die "Formel" der "typischen Vertragsrisiken" von Strauch (3) als wenig konkret und daher in der Praxis schwer zu handhaben abgelehnt. "Typische Vertragsrisiken" können nicht nur den Vertragspartner oder aber den Dritten, für den die Leistung (auch) bestimmt ist, betreffen, sondern darüber hinaus beliebige Personen. Bei der Wohnraummiete z. B. wäre der Hausierer oder Dieb, die von Rechtsprechung und Lehre unstreitig noch nie in den Schutzbereich zugunsten Dritter einbezogen wurden, den "typischen Risiken des Mietvertrages" genauso ausgesetzt wie etwa die Ehefrau des Mieters. Jeder, der - ob erlaubt oder ungebeten - in den räumlichen Bereich der Mietwohnung gelangt, käme mit den

----

1) JuS 1986, 885 (888)

2) AaO. S. 891

3) JuS 1987, 947 (949)

typischerweise aus dem Mietvertrag erwachsenden Risiken in Berührung. Strauch weist daher mit guten Gründen darauf hin, mit der Formel von den "typischen Vertragsrisiken" würden "die grundsätzlich nur gegenüber dem Vertragspartner bestehenden Schuldnerpflichten sich zu Pflichten gegenüber jedermann erweitern" (1).

c) "Leistungsvermittelte" Schädigungen

Kreuzer (2), Schmalzbauer (3) und Winterfeld (4) versuchen die Dritthaftung dadurch in Grenzen zu halten, daß nur "leistungsvermittelte" Schädigungen zum Schadensersatz führen sollen. Damit sollen nur Schadensarten ersatzfähig sein, die allein durch die Leistung selbst beim Dritten hervorgerufen werden.

Das trifft durchaus den richtigen Kern. Nicht ohne Zufall ist dieses Abgrenzungsmerkmal in bezug auf das äußerst umstrittene "Gemüseblatturteil" (5) erstmals von Kreuzer herausgestellt worden. Dies dürfte allerdings wohl der einzige Fall aus der bisherigen Rechtsprechung sein, bei dem eine nicht "leistungsvermittelte" Schädigung für ersatzfähig gehalten wurde (6).

In anderen Fallgestaltungen, z. B. beim Wohnraummietvertrag, hilft dieses Kriterium kaum weiter: Hier wäre wohl jede

----

1) Strauch, JuS 1987, 947 (949)
2) JZ 1976, 778 (781)
3) S. 98
4) S. 106
5) BGH, JZ 1976, 776
6) So Kreuzer selbst: JZ 1976, 778 (781)

Schädigung eines anderen, der nur mit der Mietsache in Berührung kommt, "leistungsvermittelt". In den anderen, z. B. Auskunfts- und Sachverständigenfällen stellt dieser Begriff nur klar, was ohnehin von jeher befolgt wurde, denn eine andere Schädigung als die durch die falsche Auskunft oder das unrichtige Gutachten verursachte stand nie in Frage.

Eine Abgrenzung nach "leistungsvermittelten" und sonstigen Schäden des Dritten hilft daher nicht weiter. Es bleibt die Frage offen, wie nahe der Dritte der Leistung stehen muß, um bei Schädigung durch sie vertraglichen Schutz zu erlangen.

d) Musielak

Musielak hat eine Lösung des Drittschutzproblems aus der Sicht einer möglichen Risikohäufung angedeutet mit dem Hinweis, es sei nicht recht einzusehen, warum Sonderverbindungen des Vertragsgläubigers an Dritte das Haftungsrisiko des Schuldners erhöhen sollen (1), wie es durch das Abgrenzungsmerkmal der "Fürsorgepflicht" vorprogrammiert sei. Er schlägt vor, Drittschutzwirkung ausschließlich den Fällen vorzubehalten, in denen die Leistung (auch) zur Verwendung für den Dritten <u>bestimmt</u> ist, bzw. in denen der Dritte die Leistung in einer Weise nutzt, wie dies bei Verträgen entsprechender Art gewöhnlich der Gläubiger selbst tut. Es reiche nicht aus, daß der Dritte nur mit der Leistung in Berührung kommt, vielmehr müsse er eine dem Gläubiger vergleichbare Stellung einnehmen (2). Das Erfordernis einer dem

----

1) VersR 1977, 973 (978 li. Sp.)
2) AaO. S. 978 li. Sp.; ders., Haftung für Rat, Auskunft und Gutachten, S. 38 f.; ders. Bankgeheimnis und Bankauskunft, S. 37 f.

Gläubiger vergleichbaren Stellung hinsichtlich der Leistung und der bei ihrer Erbringung entstehenden Gefahren habe dabei eine den in Betracht kommenden Personenkreis eher einschränkende als erweiternde Wirkung. Weiter sei zu fordern, daß die Drittbezogenheit der Leistung für den Schuldner erkennbar sei, damit das Haftungsrisiko für ihn überschaubar bleibe (1).

Hiergegen wurde eingewandt, damit sei die Rechtsfigur eines "Vertrages auf Leistung an einen Dritten" geschaffen worden (2). Nicht geleugnet werden kann allerdings die Tatsache, daß die Meinung Musielaks der von der Rechtsprechung bisher verfolgten Konzeption am ehesten entspricht (3), ohne daß freilich dies für sich allein schon etwas besagen könnte.

e) Gottwald

Gottwald (4) meint zu Musielaks Vorschlag, eine wirklich gläubiger- oder schuldnergleiche Stellung des Dritten dürfe man nicht verlangen. Die Drittschutzwirkung könne nicht entfallen, wenn praktisch nur der Dritte, nicht aber der Vertragspartner gefährdet wird.

Eine beschränkte Teilnahme am Schutz durch ein fremdes Schuldverhältnis müsse dort stattfinden, "wo ein Dritter nach der Anlage des Vertragsverhältnisses den Leistungsgefahren ähnlich wie ein Vertragsgläubiger ausgesetzt ist,

----

1) Musielak, Bankgeheimnis und Bankauskunft, S. 38
2) Lorenz, ZHR 139 (1975), 567; Köndgen, S. 365
3) Von Bar, Verkehrspflichten, S. 232 (dort Anm. 173); Grunewald, AcP 187 (1987), 285 (293)
4) Münchener Kommentar, Rdz. 70 zu § 328 BGB; ihm beipflichtend Schmalzbauer, S. 95

insbesondere wenn er dem Gläubiger hilft, die Leistung zu erlangen oder sie sachgerecht zu nutzen. Schutz genießen aber auch Dritte, die die Leistung für den Schuldner erbringen." (1)
Weiteres Erfordernis einer Schutzwirkung sei die Schutzbedürftigkeit des Dritten. Sie entfalle bei hintereinander geschalteten Verträgen, sofern die Haftungsvoraussetzungen gleich seien (2).
Für die Abgrenzung vom Vertrag zugunsten Dritter komme es also nur darauf an, ob dem Dritten ein klagbarer Leistungsanspruch eingeräumt sei oder nicht (3).

Ein Merkmal "ähnlicher" Gefährdung des Dritten durch die Leistung besagt allerdings wenig, da die Frage offen bleibt, ab welchem Grad einer Ähnlichkeit die vertragliche Einbeziehung gerechtfertigt sein soll. So meint Gottwald selbst: "Wann eine Leistung ausreichend drittbezogen ist, ist allerdings eine Frage der Interessenbewertung im Einzelfall" (4). Damit verbliebe wiederum letztlich der Rechtsprechung die Aufgabe, den erforderlichen Grad einer Ähnlichkeit festzustellen, der eine vertragliche Haftung rechtfertigt. Gegenüber Musielak (5) weitet Gottwald den geschützten Personenkreis aus, ohne die Grenzen abzustecken.

----

1) Münchener Kommentar-Gottwald, § 328, Rdz. 70
2) Gottwald, aaO. Rdz. 71 a
3) Gottwald, aaO. Rdz. 73
4) Gottwald, aaO. Rdz. 70
5) VersR 1977, 973; Bankgeheimnis und Bankauskunft, S. 38

III. EIGENE MEINUNG

A. Erarbeitung einer Lösung

1. Notwendige Ausweitung der Haftung einerseits - brauchbare Einschränkung andererseits: System einer Haftungsbegrenzung

Wie gezeigt, konnte sich die Literatur bislang mit einer überzeugenden Lösung des Drittschutzproblems, insbesondere der Festlegung des geschützten Personenkreises, nicht durchsetzen. Die Bandbreite der in der Literatur vertretenen Meinungen geht von völliger Ablehnung des Vertrags mit Schutzwirkung für Dritte (1) bis zu nahezu unbeschränkter Ausdehnung des geschützten Personenkreises.

Von wenigen Ausnahmen abgesehen, ist man sich einig, daß Drittberechtigungen grundsätzlich nicht mehr wegzudenken sind, ihre Notwendigkeit erwiesen ist (2).

Andererseits darf das System einer Haftungsbegrenzung im Vertragsrecht nicht außer acht gelassen werden. Wie Picker (3) überzeugend dargelegt hat, sind im Vertragsrecht nur deshalb alle unmittelbaren und mittelbaren Schäden ersatzfähig, weil das Relativitätsprinzip eine von vorneherein übersehbare Haftungsbegrenzung durch die "Adressierung" des geschäftlichen Kontakts gewährleistet. Um dieses System der Haftungsbegrenzung zu wahren, kann der Dritte im Grundsatz nur dort einen eigenen Anspruch erhalten, wo sonst ein

----

1) So Böhmer, MDR 1962, 345; ders., JR 1966, 173
2) Assmann, JuS 1986, 885 (891); Sonnenschein, JA 1979, 225 (226)
3) AcP 183, 369 ff.

Leerlaufen von Pflichten gegeben wäre, d. h. wo der Schuldner von vorneherein mit seiner Haftung rechnen muß, weil der Vertrag so angelegt ist, daß bestimmungsgemäß statt des Gläubigers ein Dritter oder neben dem Gläubiger ein Dritter ebenso wie dieser gefährdet ist. Der Gleichbehandlungsgrundsatz, der den einzigen rechtfertigenden Grund für eine Abweichung vom Relativitätsprinzip darstellt (1), gibt auch den Schlüssel zur Lösung des Problems einer Trennung von qualitativ deliktischer und vertraglicher Haftung an die Hand. Er berechtigt nämlich nur dort zu richterlicher Rechtsfortbildung, wo der Gerechtigkeitsgedanke eine Abweichung unbedingt erfordert, weil die gesellschaftliche Rollenverteilung den wahren Nutznießer der Leistung nicht auch gleichzeitig zum Gläubiger werden läßt, wie das nach der Anlage des gesetzten Vertragsrechts vorgesehen wäre.

Der Grund einer zwingenden Eingrenzung liegt im Erfordernis der Kalkulierbarkeit des eingegangenen Risikos für die Vertragsparteien. So wie der Gesetzgeber im Deliktsrecht das Risiko der Haftung durch die Einschränkung der geschützten Rechtsgüter überschaubar macht, hat er im Vertragsrecht das ganz andere Mittel der Begrenzung des geschützten Personenkreises durch das Erfordernis einer rechtlichen Sonderverbindung gewählt (2). Ein weiteres derart übergreifendes Instrument der Risikoeingrenzung ist nicht ersichtlich.

Mit Recht ist daher das Argument der nachträglichen Risikoerhöhung für den Schuldner so oft vorgebracht worden, um vor einer uferlosen Ausweitung des geschützten Personenkreises zu warnen. Im Grunde nichts anderes bedeutet auch der stets wiederholte Hinweis durch die Literatur, die Grenze zwischen

----

1) Vgl. o. S. 152 ff.

2) Vgl. Picker, AcP 183, 369 (476 ff.); Schack, JZ 1986, 305

Vertrags- und Deliktsrecht dürfe nicht verwischt werden. Obgleich also längst erkannt wurde, daß der Grund für die ablehnende Haltung gegenüber dem Rechtsinstitut des Vertrags mit Schutzwirkung für Dritte in dem Problem der "Risikohäufung" begründet liegt, hat erstaunlicherweise noch fast niemand versucht, das Drittschutzproblem unter diesem Gesichtspunkt einer Lösung zuzuführen. Freilich ist offenbar bisher nicht klar zwischen nachträglicher und bereits von vorneherein im Vertrag angelegter, also aus dem Zweck des drittschützenden Vertrags ersichtlicher Risikohäufung unterschieden worden. Vielmehr wird darauf hingewiesen, das Rechtsinstitut des Vertrages mit Schutzwirkung für Dritte führe "stets zur Mehrung des Haftungsrisikos einer Vertragspartei", wie beispielsweise Ebke (1) meint, weshalb eine Vertragshaftung gegenüber Dritten nur ausnahmsweise tragbar sei.

Das Relativitätsprinzip hat im Vertragsrecht den Zweck, das Haftungsrisiko kalkulierbar zu machen. Wo aber das Risiko von Vertragsbeginn an bekannt ist, und sei es auch ein "erhöhtes", ist es überschaubar und damit kalkulierbar. Das Instrument der Begrenzung des Personenkreises verliert also dort seinen Zweck, wo das eingegangene Risiko bereits so im Vertrag angelegt ist, daß es den Parteien ohne weiteres bekannt ist. Womit der Schuldner nach der Konzeption des Schuldrechts nicht zu rechnen braucht, ist lediglich eine nachträgliche, also eine echte Risikohäufung.

Somit ist auch die Aufgabe abgesteckt, die der Vertrag mit Schutzwirkung für Dritte stellt: Es ist die Linie zu finden, die geeignet ist, Sachverhalte mit einer erst nach Vertragsschluß eintretenden Risikoerhöhung auszuschalten, aber diejenigen Fälle einzubeziehen, deren - nur personell

----

1) S. 64

verlagertes - Risiko von vorneherein erkennbar im Vertrag angelegt ist. Aus der Erkenntnis der Instrumente, derer das Bürgerliche Gesetzbuch sich zur Haftungsbegrenzung schon bisher bedient, kann dies der einzig richtige Weg zur Trennung von qualitativ deliktischer von im Grunde vertraglicher Haftung sein.

2. Lösungsansatz

Gernhuber hat schon vor mehr als dreißig Jahren (1) darauf hingewiesen, daß nicht nach Linien zu suchen sei, die den geschädigten Dritten mit dem Gläubiger oder dem Schuldner verbinden, "sondern nach Fäden die ihn mit dem Schuldverhältnis verknüpfen"... "Eine beschränkte Teilnahme an fremden Schuldverhältnissen muß dort stattfinden, wo die mit einer Leistung verbundenen Gefahren nach der Anlage des Schuldverhältnisses einen Dritten mindestens ebenso stark wie den Gläubiger treffen..." "Solange die Sozialwirkung des Schuldverhältnisses in seinem Erfüllungsstadium diese Intensität nicht erreicht, läßt sich eine unterschiedliche Behandlung von Gläubiger oder Schuldner und einem Dritten rechtfertigen, darüber hinaus nicht mehr. Mit geradezu erstaunlicher Sicherheit hat die Rechtsprechung auf verfehlten Wegen diesen Satz befolgt, nur selten gegen ihn gesündigt." (2).

Dem kann nur zugestimmt werden. Es stellt sich allerdings die Frage, wie dies einerseits trotz fehlender geeigneter Abgrenzungsmerkmale möglich gewesen sein soll, warum andererseits der Vertrag mit Schutzwirkung für Dritte von der Literatur noch heute befehdet wird.

----

1) Festschrift Nikisch, S. 249 (270 f.)

2) Gernhuber, aaO. S. 270 f.

Die Vorhersehbarkeit von Leistungsnähe und Drittbeziehung ist schon seit jeher ein unumstrittenes Tatbestandsmerkmal des Vertrags mit Schutzwirkung für Dritte. Zu diesem "Abgrenzungsmerkmal" wurde in der Literatur so gut wie nichts geschrieben, da es ganz übereinstimmend für richtig gehalten wurde. Wurde aber dieses Tatbestandsmerkmal richtig subsumiert, so konnte die Masse der Entscheidungen kaum noch fehl gehen. Dies ist also der Grund, warum die Rechtsprechung "mit geradezu erstaunlicher Sicherheit" den Grundsatz, daß das Haftungsrisiko nicht nachträglich erhöht werden dürfe, befolgt, "nur selten gegen ihn gesündigt" hat (1).

Warum aber die Rechtsprechung soviel Kritik erfuhr, obgleich die weitaus meisten Entscheidungen als richtig anzusehen sind, mag zunächst verwundern. Bei den Stellungnahmen der Literatur zu vielen Entscheidungen fällt jedoch auf, daß berechtigte Kritik sich nicht gegen das Ergebnis der Entscheidung, sondern gegen ihre Begründung gerichtet hat (2). Obwohl das Abgrenzungsmerkmal der "Fürsorgepflicht" schon längst als zu unbilligen Ergebnissen führend erkannt wurde, wird es, da ein geeigneteres nicht bekannt ist, wohl oder übel beibehalten (3). Weiterer Ansatzpunkt berechtigter Kritik war der "Weg in die Fiktionen", d. h. die Berufung auf nicht überzeugende willensbezogene Rechtsgrundlagen (4).

----

1) Gernhuber, Festschrift Nikisch, S. 249 (271)
2) Vgl. z. B. zu BGH, NJW 1965, 1955: Berg, MDR 1969, 613; Lorenz, JZ 1966, 143; von Caemmerer, Festschrift Wieacker, S. 311; Grunewald, BB 1981, 581; Winterfeld, S. 221
3) Vgl. z. B. Canaris, Festschrift Larenz 1983, S. 99
4) So z. B. Lorenz, JZ 1966, 143; Kreuzer, JZ 1976, 776 (780); Hans Stoll, Festschrift Flume, S. 741 (751)

Neben diesen Ungereimtheiten wurde ein mehrfach erfolger Hinweis auf den "Vertragszweck" (1) nie so recht aufgegriffen. Die Rechtsprechung hat diesen Begriff oft gebraucht, ihn jedoch nie erläutert. In einer der jüngsten Entscheidungen zur Haftung des Wirtschaftsprüfers für die Richtigkeit der als Kreditunterlage dienenden Auskunft (2) wurde zwar nicht das Wort "Vertragszweck" verwendet, aber abgestellt auf "die vertragsgemäß beabsichtigte Verwendung von Gutachten usw." und auf "die objektive Interessenlage der Beteiligten" (wenn auch mit dem nicht überzeugenden Hinweis auf das "Wohl und Wehe des Dritten" sowie den "nach außen zutage getretenen Willen der Vertragschließenden gem. §§ 133, 157 BGB"). Diese Umschreibung durch den Bundesgerichtshof (3) kommt nahezu einer Definition des "Vertragszwecks" gleich.

Der Vertragszweck allein ist es aber, der für den Schuldner eine vorhersehbare Abschätzung des einzugehenden Haftungsrisikos ermöglicht. Er ist objektiv erkennbar und damit allen Beteiligten in gleicher Weise bekannt. In Wirklichkeit hat die Rechtsprechung bisher immer nach objektiv Erkennbarem, nicht nach subjektiv Vereinbartem entschieden (4). Sie hat eigentlich immer unausgesprochen danach gefragt, welche Kontakte mit der geschuldeten Leistung der Vertrag für den Dritten vorsah. Da aber das Rechtsinstitut des Vertrags mit Schutzwirkung für Dritte eine Ausnahme vom

----

1) Vgl. z. B. die sog. Anwaltsfälle: BGH, NJW 1965, 1955; LG München I, NJW 1983, 1621; OLG Hamm, MDR 1986, 1026
2) BGH, NJW-RR 1986, 1307
3) AaO.
4) Vgl. den Hinweis des Bundesgerichtshofs auf die "objektive Interessenlage der Beteiligten": BGH, NJW-RR 1986, 1307 und BGH, LM § 675 BGB Nr. 120 (Bl. 1242)

haftungsbegrenzenden Relativitätsprinzip darstellt, dürfen nur derart intensive Kontakte Dritthaftung auslösen, die bei der bestimmungsgemäßen Inanspruchnahme (ohne daß der Dritte einen "Anspruch" auf die Leistung hat) zu Schädigung führen. Hierbei ist eine Inanspruchnahme der Leistung im Sinne eines Verbrauchs oder Gebrauchs gemeint, wie dies sonst allein dem Gläubiger zukommt.

Eine "Rechtsfortbildung aus sonst drohender Ungleichbehandlung" darf eben nur dort einsetzen, wo der Dritte eine dem Gläubiger vergleichbare Stellung einnimmt, nach dem gesetzten Recht aber ungleich behandelt würde. Diese Stellung hat der Dritte aber nur dann, wenn er statt dem Gläubiger oder neben diesem die Leistung wie sonst im Regelfall nur der Gläubiger nutzt (1). Dies bedeutet, daß der Dritte die Leistung selbst in Anspruch nimmt, nicht nur mit ihr in Berührung kommt. Weiter sind nur solche Schädigungen des Dritten ersatzfähig, die durch die Nutzung der Leistung entstanden sind. Nur dann hat der Dritte eine Stellung erlangt, die ihn vom Gläubiger allein durch die fehlende Vertragsbeziehung zum Schuldner unterscheidet (2).

Wenn hier verlangt wird, daß nur solche Schäden Dritthaftung auslösen, die durch die Nutzung der Leistung selbst entstanden sind, so entspricht dies dem von Kreuzer (3),

----

1) So im Ergebnis auch Stahl, S. 222: "Dritthaftung ist dann keine zusätzliche Haftung ohne Entgelt, sondern verwirklicht erst das Prinzip von Risiko und Entgelt."
2) So mit anderen Worten auch Gottwald, Münchener Kommentar, § 328, Rdz. 73: "Für die Abgrenzung vom echten Vertrag zugunsten Dritter kommt es also nur darauf an, ob dem Dritten ein klagbarer Leistungsanspruch eingeräumt ist oder nicht."
3) JZ 1976, 778 (781)

Schmalzbauer (1) und Winterfeld (2) vorgeschlagenen Abgrenzungsmerkmal "leistungsvermittelter Schädigungen". Dieses Tatbestandsmerkmal, den bisher anerkannten hinzugefügt, würde aber nicht ausreichen. Es sagt nichts darüber aus, mit welcher Intensität die Leistung vom Dritten in Anspruch genommen werden muß.

Am Beispiel der Wohnungsmiete zeigt sich, daß "leistungsvermittelt" jede Schädigung ist, die jemand beim Betreten der Mietwohnung erleidet. Der auch nur flüchtige Besucher nimmt - allerdings kurzfristig - die Mietleistung in Anspruch. Die räumliche Intensität des Besuchers, ja gar Hausierers, ist die gleiche wie die des Mieters selbst. Setzt man aber voraus, daß der geschützte Dritte die Leistung wie sonst im Regelfall nur der Gläubiger in Anspruch nehmen muß, so scheiden alle aus, die nicht nach dem Inhalt des Mietvertrages berechtigterweise in die Hausgemeinschaft des Mieters aufgenommen werden durften. Danach genießen alle Personen Drittschutz, deren Wohnungsgemeinschaft mit dem Mieter der Vermieter nicht verwehren kann, wie z. B. das erst geborene Kind des Mieters, das Adoptivkind, der nichteheliche Lebensgefährte oder der erst während der Mietdauer hinzugekommene Ehepartner. Die Hausgehilfin, die in den Haushalt des Mieters aufgenommen ist, unterfällt ebenso dem Drittschutz wie die Familienangehörigen, darüber hinaus niemand mehr. Die nur stundenweise angestellte Zugehfrau, die nicht in den Haushalt des Mieters aufgenommen ist, hat keinen Drittschutzanspruch, weil sie die Mietleistung nicht nutzt wie sonst im Regelfall nur der Gläubiger. Die in den Haushalt aufgenommene Hausangestellte hingegen hält sich nicht nur in

----

1) S. 98
2) S. 106

der Mietwohnung auf, um dort zu arbeiten, sondern sie wohnt dort wie der Mieter selbst (1). Der Partner einer eheähnlichen Lebensgemeinschaft genießt ebenso Drittschutz wie der Ehepartner (2), weil der Vermieter nach der Rechtsprechung die Aufnahme eines Lebensgefährten auch ohne Trauschein zu dulden hat. Gernhuber (3) kommt zu dem gleichen Ergebnis: "Unproblematisch sind jeweils die zur Wohngemeinschaft des Mieters...gehörenden Personen". Wenig besagt aber die ablehnende Haltung Gernhubers gegenüber Besuchern, Gästen und Lieferanten mit der Begründung, daß "deren Berührung mit der Wohnung viel zu flüchtig ist, um die Gefahren einer mangelhaften Leistung ebenso intensiv zu erfahren wie der Wohnungsinhaber", da der Grad der notwendigen Intensität nicht zum Ausdruck kommt. Sobald aber die Nutzung der Mietleistung wie beim Gläubiger selbst verlangt wird, steht fest, daß ausschließlich die zur Wohngemeinschaft des Mieters gehörenden Personen Drittschutz genießen dürfen. Besucher, z. B. die Eltern des Mieters, dürfen sich zwar berechtigterweise, aber eben nur zu Besuch in der Mietwohnung aufhalten, gehören damit aber nicht zur Hausgemeinschaft des Mieters.

Nach seiner Umschreibung des geschützten Personenkreises kommt Gernhuber (4) zu dem Ergebnis, in bezug auf Werkleistungen in fremden Betrieben seien "die Betriebsangehörigen den Gefahren einer mangelhaften Leistung mindestens ebenso - normalerweise sogar stärker - ausgesetzt...wie der Gläubiger

----

1) Weshalb die Rechtsprechung der in den Haushalt aufgenommenen Hausangestellten Drittschutzansprüche zuerkannte: KG JW 37, 2592
2) Evans von Krbek, VersR 1978, 906; a. A. OLG Hamm, FamRZ 1977, 320
3) Festschrift Nikisch, S. 249 (271)
4) AaO. S. 271

und Betriebsinhaber". Der Bundesgerichtshof hatte in zwei solchen Fällen Drittschutz zugesprochen: Im sog. "Capuzolfall" (1) und im sog. "Werkshallenfall" (2). Nach der hier vertretenen Auffassung ergibt sich, daß die Schädigung leistungsvermittelt war, da im Capuzolfall des Bundesgerichtshofs eine Arbeiterin durch das brennende Rostschutzmittel selbst zu Schaden gekommen war (3), in dem Werkshallenfall des Bundesgerichtshofs (4) fielen Spannbetonplatten von der neu errichteten Decke herunter und trafen in dem Betrieb beschäftigte Leute. Trotzdem wären beide Fälle nach der hier vertretenen Meinung anders zu entscheiden gewesen. Im Capuzolfall wurde die Drittberechtigung der Arbeiterin aus dem Kaufvertrag zwischen dem Arbeitgeber und der Lieferfirma hergeleitet. Es stellt sich aber die Frage, für wen die Leistung nach dem Vertragszweck erbracht wurde: Ob allein für den Arbeitgeber, oder (auch) für die Beschäftigten. Da aber den Arbeitnehmern, und mögen sie sogar noch stärker den Gefahren einer mangelhaften Leistung ausgesetzt sein als der Betriebsinhaber, die Leistung nach dem Inhalt des Kaufvertrages nicht zugute kommt, scheiden sie als Drittberechtigte aus. Eine nur gläubigergleiche Gefährdung (5) reicht eben nicht aus.

Im "Werkshallenfall" des Bundesgerichtshofs (6) wurde die Drittberechtigung aus dem Werkvertrag zwischen dem Bauunternehmer und dem Eigentümer der Halle hergeleitet. Nach dem Zweck des Werkvertrags war die aus Spannbetonplatten neu

----

1) BGH, VersR 1959, 645
2) BGHZ 33, 247
3) Vgl. o. S. 32 f.
4) Vgl. o. S. 35 f.
5) Wie sie Gernhuber, Festschrift Nikisch, S. 249 (270) verlangt
6) BGHZ 33, 247

errichtete Decke nicht für die in der Halle beschäftigten Arbeitnehmer, sondern ausschließlich für den Arbeitgeber bestimmt. Die Berührung der Beschäftigten mit den Gefahren der mangelhaft errichteten Decke rührt nicht aus dem Werkvertrag her, sondern aus dem Arbeitsvertrag, d. h., daß eben nicht nach dem Zweck des Werkvertrags die Berührung der Arbeitnehmer mit den Gefahren der mangelhaften Werkleistung angelegt ist, sondern in der - gesonderten - arbeitsrechtlichen Beziehung des Arbeitgebers zu seinen Arbeitnehmern, was nach damals vertretener Auffassung des Bundesgerichtshofs wegen des Abstellens auf Fürsorgepflichten anspruchsbegründende Wirkung hatte.

Eine dem Gläubiger vergleichbare Stellung des Erntehelfers fehlte auch in dem vom Bundesgerichtshof entschiedenen Fall der Nichthaftung des Verkäufers einer nicht betriebssicheren Antriebsscheibe für eine Dreschmaschine (1). Die Entscheidung ist im Ergebnis richtig, die Begründung überzeugt indes nicht. Der Bundesgerichtshof hatte die Dritthaftung des Lieferanten der Antriebsscheibe gegenüber dem verletzten Erntehelfer abgelehnt, weil dieser von dem Käufer des Maschinenteils, einem Landwirt, "nicht ständig mit der Bedienung der Dreschmaschine betraut war". Hierauf kommt es aber nicht an, da die Vertragsleistung, also die Lieferung der Antriebsscheibe, eben nur für den Landwirt bestimmt war.

Grundsätzlich ist jede vertragliche Leistung (nur) für den Gläubiger bestimmt. Sofern die Leistung nach dem Vertragszweck (auch) für einen Dritten bestimmt sein soll, so muß sich dies aus dem Zweck und Inhalt des Vertrags ergeben. Ein Kaufvertrag, sei er nun gerichtet auf Lieferung von Capuzol

----

1) BGH, NJW 1956, 1193

oder aber einer Antriebsscheibe für eine Dreschmaschine, deutet in keinster Weise auf eine bestimmungsgemäße "Nutzungsverlagerung" hin.

Ein Problem bleibt allerdings offen:
Der Untermieter würde nach den bisher angesprochenen Voraussetzungen einen vertraglichen Anspruch sowohl gegen den Hauptmieter als auch gegen den Vermieter erlangen, da er bestimmungsgemäß die Leistung wie sonst nur der Gläubiger nutzt. Damit wäre der Untermieter doppelt abgesichert, was vom Bundesgerichtshof (1) allerdings verneint wurde. Nach Meinung des Bundesgerichtshofs fehlt es an einem "Schutzbedürfnis" des Untermieters, da dieser nicht "vertraglos" sei. Die Entscheidung wird von Haase (2) für unrichtig gehalten, da ein Unterschied zwischen dem Untermieter und einem Einlagerer von Waren in Geschäftsräumen (3) insoweit nicht erkennbar sei. Allerdings muß an dieser Stelle daran erinnert werden, daß der Vertrag mit Schutzwirkung für Dritte seine Rechtfertigung ausschließlich dem verfassungsrechtlich verankerten Gleichbehandlungsgrundsatz verdankt (4). Wer ohnehin die Hauptleistung von seinem Vertragspartner, also vom Hauptmieter, fordern kann, darf durchaus anders behandelt werden als beispielsweise ein Familienangehöriger des Mieters. Wenn dem Untermieter ein Vertragsanspruch gegenüber dem Vermieter versagt wird, so scheint dadurch der Gleichbehandlungsgrundsatz in keinster Weise verletzt. Richterliche Rechtsfortbildung hat sich auf die Fälle zu beschränken, in denen sie zur Abwendung einer Rechtsnot unverzichtbar ist (5).

----

1) JR 1978, 284
2) Haase, JR 1978, 285 (286)
3) Vgl. z. B. BGHZ 49, 351: sog. "Rauchrohröffnungsfall"
4) Vgl. o. S. 152 ff.
5) Herschel, Arbeit und Recht 1983, 353 (354 u. 360)

Zusammenfassend ist also gegenüber den bisherigen Anspruchsvoraussetzungen nach der herrschenden Auffassung festzuhalten:
Nach der hier vertretenen Meinung wurde der Begriff der "Leistungsnähe", der an sich wenig besagt, weiter konkretisiert: Der Dritte muß sich nicht nur in Leistungsnähe befinden, sondern er muß sogar die Leistung wie sonst im Regelfall nur der Gläubiger nutzen. Ob der Dritte im konkreten Fall eine dem Gläubiger vergleichbare Stellung zur Leistung einnimmt, muß sich aus dem Vertrag selbst ergeben, d. h. es ist danach zu fragen, ob nach Inhalt und Zweck des Vertrags die Leistung (auch) für den Dritten bestimmt ist.

Nur "leistungsvermittelte" Schädigungen, also solche, die durch die Nutzung oder den Verbrauch der Leistung entstehen, sind ersatzfähig.
Der Dritte darf in bezug auf die Leistung nicht bereits anderweitig vertraglich abgesichert sein.
Weiterhin ist mit der schon bisher herrschenden Auffassung zur fordern, daß das Haftungsrisiko für den Schuldner vorhersehbar gewesen sein muß. Das ist aber dann der Fall, wenn eine mögliche Haftung dem Schuldner nach dem Vertragszweck von vorneherein erkennbar ist, d. h. wenn der Dritte die Leistung "bestimmungsgemäß" nutzt. Eine solche Leistungsbestimmung ist aber nur dem drittschützenden Vertrag zu entnehmen, und nicht etwa dem zwischen Gläubiger und Drittem bestehenden Vertragsverhältnis.

Völlig überflüssig erscheint dagegen das bisher nach herrschender Auffassung in Rechtsprechung und Literatur geforderte Merkmal der Fürsorgepflicht des Gläubigers gegenüber dem Dritten.

Der Dritte hat nach der hier vertretenen Auffassung sonach folgende Voraussetzungen zu erfüllen:

1. Der Dritte muß bestimmungsgemäß die Leistung nutzen, wie dies im Regelfall nur der Gläubiger selbst tut.
2. Die Schädigung muß durch die Nutzung der Leistung selbst eingetreten sein, sog. "leistungsvermittelte" Schädigung.
3. Der Dritte muß in bezug auf die Leistung "vertraglos" sein, er darf nicht bereits einen Vertragsanspruch hinsichtlich dieser Leistung gegenüber einer anderen Person besitzen.

B. Untersuchung der bisherigen Rechtsprechung anhand der vorausgesetzten Abgrenzungsmerkmale

Es wurde hier behauptet, daß die Rechtsprechung im großen und ganzen trotz anders lautender und daher zu Recht befehdeter Begründung schon immer nach der Beziehung des Dritten zum Schuldverhältnis gefragt und den Drittschutz danach ausgerichtet habe. Das Abstellen auf die Beziehung des Gläubigers zum Dritten im Sinne eines "Fürsorgeverhältnisses" ist als Scheinbegründung zu bezeichnen, wobei sich die Unbrauchbarkeit dieses Abgrenzungsmerkmals erst so recht ab Einbeziehung reiner Vermögensschäden in den Vertrag mit Schutzwirkung für Dritte erwies. Darauf deutet klar die "zweigleisige" Begründung hin, die einerseits auf Fürsorgepflichten, andererseits auf den Vertragszweck bei den sog. "Anwaltsfällen" verweist (1).

Erstaunlich ist jedoch, daß die Scheinbegründung mit dem "Fürsorgeverhältnis" sich über Jahrzehnte hinweg halten konnte. In der Literatur wird teils eingeräumt, daß dieses Tatbestandsmerkmal zwar nicht für sonderlich geeignet angesehen werde, mangels eines besseren man es jedoch "einstweilen" wohl nicht aufgeben könne (2). Zwar wurde die dem "Fürsorgeverhältnis" zugeordnete willensabhängige Rechtsgrundlage, bis heute noch § 157 BGB (3) verbunden, zu Recht abgelehnt, die nun einmal erfolgte Anknüpfung an das Verhältnis des Gläubigers zum Dritten versperrte aber die Aussicht auf andere Bezugspunkte. Die übergroße Befürchtung

----

1) Vgl. z. B. BGH, NJW 1965, 1955
2) Medicus, Bürgerliches Recht, Rdz. 845; Esser-Schmidt, Schuldrecht, S. 216; Canaris, Festschrift Larenz 1983, S. 99; Honsell, JuS 1976, 621 (627)
3) Vgl. z. B. BGH, NJW-RR 1986, 1307

einer zu weiten Ausdehnung des geschützten Personenkreises glaubte man trotz einiger Ungereimtheiten zu verhindern durch die Beibehaltung des Merkmals der "Fürsorgepflicht". Um aber die Geeignetheit der hier vertretenen Auffassung zur Abgrenzung des geschützten Personenkreises zu überprüfen, sollen Sachverhalte, die bereits Gegenstand der Beurteilung durch die Rechtsprechung waren, anhand der erarbeiteten Lösung untersucht werden.

1. Die herkömmlichen Fallgruppen der Verletzung sog. absoluter Rechtsgüter

1.1. Mietverträge

Diesbezüglich wurde bereits klargestellt, daß nur in die Wohngemeinschaft des Mieters aufgenommene Personen vom Drittschutz umfaßt sind, nicht aber Hilfskräfte des Mieters, wenn sie auch noch so sehr mit der Mietleistung in Kontakt kommen. Die Hauswirtschafterin, die morgens den Arbeitsplatz in der Mietwohnung antritt und abends nach Hause geht, nimmt eben nicht die Mietleistung in mit dem Gläubiger vergleichbarer Art und Weise in Anspruch, da sie in der Mietwohnung nicht übernachtet, andererseits das "Bewohnen" der Mietwohnung jedoch den Kern der Mietleistung ausmacht.

Die Rechtsprechung zu den sog. "Saalmietefällen" (1) erweist sich an den hier vorausgesetzten Tatbestandsmerkmalen als richtig. Jeder einzelne Teilnehmer der Veranstaltung wurde zu Recht in den geschützten Personenkreis einbezogen, da der Saalmietvertrag darauf angelegt war, daß die Leistung - Zurverfügungstellung des Saales - den Besuchern und Akteuren

----

1) OLG Hamburg, Das Recht 1920, Nr. 373; RGZ 160, 153

zugute kommen sollte. Der Veranstalter (1) hatte - wie üblich - mit dem Wirt verhandelt und den Saal "für die Veranstaltungsteilnehmer" angemietet. Der Gastwirt seinerseits hatte dieses von Anfang an "gehäufte" Risiko bei Vertragsabschluß bewußt übernommen, da nach dem Vertragszweck der Verein - als solcher keine natürliche Person - als Benutzer des Saales nicht in Frage kam.

Im sog. "Rauchrohröffnungsfall" (2) hat der Bundesgerichtshof in den Laden- und Werkstatträumen gelagerte Sachen eines Dritten, die dort befugterweise untergebracht waren, unter die Schutzwirkung des Mietvertrages gestellt. Der Bundesgerichtshof begründete dies dort mit "Fürsorge- und Obhutspflichten", wobei als Besonderheit des Falles festzustellen ist, daß die Mieterin und die Dritte zufällig Schwestern waren. Von diesem Zufall offenbar selbst nicht ganz überzeugt, verwies der Senat zusätzlich auf den "Sinn und Zweck des Vertrages" (3). Der Bundesgerichtshof hat also in Wirklichkeit darauf abgestellt, daß die Sachen - entsprechend dem Mietvertrag - bestimmungsgemäß in den Geschäftsräumen gelagert wurden.

----

1) Im Saalmietefall des Reichsgerichts, vgl. oben S. 21, ein SA-Sturm

2) BGHZ 49, 350

3) BGH, aaO., S. 354

1.2. Beförderungsfälle

In den Beförderungsfällen (1) zeigt sich am einleuchtendsten, daß der Fahrgast, der nicht selbst den Vertrag abschließt, die Leistung wie sonst nur der Gläubiger, nämlich die Beförderung selbst beansprucht. Auf einen personenrechtlichen Einschlag kommt es hingegen gar nicht an. Das Oberlandesgericht Hamburg erkannte Vereinsmitgliedern, die bei einer von einem anderen Mitglied bestellten gemeinschaftlichen Ausfahrt des Vereins verletzt worden waren, vertragliche Schadensersatzansprüche gegen den Dienstherrn des Kutschers zu (2). Der vom Droschkenbesteller zur Mitfahrt eingeladene Fahrgast wurde zu Recht in die Drittschutzwirkung des Beförderungsvertrages einbezogen, obgleich es an einem personenrechtlichen Einschlag des Bestellers zu dem fremden Begleiter fehlte (3), da der Mitfahrende die Leistung des Beförderungsvertrages, nämlich die Beförderung selbst, in Anspruch nahm, wie dies sonst nur der Gläubiger tut.
Wenn der Droschkenfahrer mit voller Besetzung, möglicherweise mit drei oder vier Personen fährt, ist sein Risiko selbstverständlich höher als wenn nur eine Person befördert wird. Das jeweilige Risiko steht aber vor Fahrtantritt fest, d. h. der Beförderer kennt die Zahl der mitfahrenden Personen bei Abschluß des Vertrages. Trotzdem wird beim Taxi in aller Regel der Fahrpreis allein nach der Zeitdauer der Fahrt bzw. nach der Länge der gefahrenen Strecke berechnet, nicht etwa nach der Anzahl der beförderten Personen, die durch die Kapazität des Fahrzeugs begrenzt ist. Treten z. B. vier Personen mit ein- und demselben Taxi die gleiche Fahrtstrecke an, zahlen sie insgesamt den gleichen Preis wie sonst eine einzige Person. Anders ist es beim sog. Anruf-Sammeltaxi. Dort hat jede Einzelperson zu bezahlen.

----

1) Vgl. o. S. 14 ff.

2) OLG Hamburg, Das Recht 1907, Nr. 3469

3) OLG Hamburg, OLG Rechtsprechung 23, 46

1.3. Krankenhausverträge

Wenn die Krankenkasse für ihren Versicherungsnehmer mit dem Krankenhaus einen Behandlungsvertrag abschließt, nimmt allein der Versicherungsnehmer bestimmungsgemäß die Leistung in Anspruch. Das Reichsgericht hat daher zu Recht dem fehlbehandelten Patienten vertragliche Schadensersatzansprüche zuerkannt und dabei zu einem erstaunlich frühen Zeitpunkt, da die Rechtsprechung zum Vertrag mit Schutzwirkung für Dritte gerade erst in den Anfängen steckte, auf den "Vertragszweck" zwischen den Krankenkassen und den Krankenhäusern hingewiesen (1).

Als richtig erweist sich auch die Entscheidung des Bundesgerichtshofs, wonach ein Krankenhaus wegen nicht verkehrssicherer Instandhaltung der Besucherwege dem seine Frau besuchenden Ehemann gegenüber nicht vertraglich haftet (2). Der Besucher eines Patienten, und sei er auch ein Verwandter, nimmt nicht die Heilbehandlungsleistung in Anspruch. Die verkehrssichere Unterhaltung der Wege im Krankenhausbereich ist eine rein deliktsrechtliche Verpflichtung.

1.4. "Gemüseblattfall" des Bundesgerichtshofs

Im sog. "Gemüseblattfall" (3) hat der Bundesgerichtshof dem die Mutter beim Einkauf begleitenden Kind, das im Laden auf einem Gemüseblatt ausrutschte, zu Fall kam und sich verletzte, vertragliche Schadensersatzansprüche zuerkannt.

----

1) RG, Warneyer 1915, S. 306 Nr. 203
2) BGHZ 2, 94
3) BGH, JR 1976, 456

Wie Kreuzer (1) als Reaktion auf den "Gemüseblattfall" ausführte, erlitt das Kind keine "leistungsvermittelte Schädigung", so daß ihm zu Unrecht vertraglicher Drittschutz zuerkannt worden war (2). Das Kind war in dem Laden nur "bei Gelegenheit" der Leistungserbringung zu Schaden gekommen. Auch die verkehrssichere Instandhaltung des Ladens stellt eine Leistung dar, aber eben nur eine vertragliche Nebenleistung für die Person, welche den Laden in Verkaufsabsicht betritt, ansonsten eine rein deliktsrechtliche Verkehrssicherungspflicht. Dies hindert nicht, daß die vertragschließende Person bei Verletzung einer bloßen Nebenleistung vertragliche Schadensersatzansprüche aus positiver Vertragsverletzung erlangt. Der Fehlschluß besteht aber darin, aus diesem Grunde auch gleich dem Dritten alle vertraglichen Ansprüche zu verschaffen, gem. dem Grundsatz: Wer erst einmal die Hürde überwunden hat, daß er nicht selbst Vertragspartner zu sein braucht, der ist in allem und jedem hinsichtlich sekundärer vertraglicher Ansprüche einem Gläubiger gleichgestellt.

Zu solcher Ausweitung des Drittschutzes besteht keinerlei Notwendigkeit unter Berücksichtigung des Gleichbehandlungsgrundsatzes. Die Tochter ist - im Vergleich mit der einkaufenden Mutter - nur dort in vertraglicher Hinsicht ungleich behandelt, wo die Folgen der Hauptleistung sie deshalb ungeschützt treffen, weil sie diese nutzt anstatt - bzw. neben - der Gläubigerin wie diese selbst, obgleich sie nicht Vertragspartnerin ist.

Letztlich erwies sich hier das Verwandtschaftsverhältnis zwischen Mutter und Tochter und der darin erblickten Drittschutzbeziehung dem Senat als Hindernis auf dem Weg zur

----

1) JZ 1976, 778 (781)

2) So auch Schmalzbauer, S. 98 und Winterfeld, S. 106

Trennung rein deliktischer Schäden von vertraglichen. Hätte das minderjährige Kind allein in erkennbar fehlender Kaufabsicht den Laden aufgesucht und wäre auf einem Gemüseblatt ausgerutscht, niemand wäre auf die Idee gekommen, ihm einen Anspruch aus culpa in contrahendo zuzusprechen. Es hätte sich auf deliktsrechtliche Schadensersatzansprüche verweisen lassen müssen. Die nach der hier vertretenen Meinung zu stellende Frage, für wen nach der Anlage des Schuldverhältnisses die Leistung erbracht wird, erübrigt sich sonach.

2. Fälle betreffend den Ersatz reiner Vermögensschäden

2.1. Anwaltsfälle

Die Rechtsprechung hat in verschiedenen Anwaltsfällen, beginnend mit dem sog. "Testamentsfall" des Bundesgerichtshofs (1), dritten Personen vertragliche Schadensersatzansprüche zuerkannt. Es fällt auf, daß stets nahe verwandtschaftliche Beziehungen im Vordergrund standen. Im "Testamentsfall" wurde die Tochter aus Verschulden des Anwalts nicht Allein-, sondern nur Miterbin neben der Enkelin, die nach dem Willen des Erblassers nur ein Vermächtnis erhalten sollte (2). Die Klägerin, Tochter des Erblassers, wurde für die entgangene Alleinerbenstellung mit einem Schadensersatzanspruch gegenüber dem Anwalt entschädigt. Kegel (3) lehnte ein solches Ergebnis mit Hinweis auf die "lachenden Doppelerben" ab.

Nach der hier vertretenen Auffassung ist danach zu fragen, für wen nach dem Inhalt des Vertrags zwischen dem Erblasser und seinem Rechtsanwalt die Leistung erbracht werden sollte.

----

1) BGH, NJW 1965, 1955

2) Vgl. o. S. 47 f.

3) Festschrift Flume, S. 545 ff (558)

Das Oberlandesgericht Hamm (1) hatte in dem Fall einer aus Verschulden des Rechtsanwalts fehlgeschlagenen Ehelichkeitsanfechtungsklage eine drittschützende Wirkung des Anwaltsvertrages angenommen, da "die Tätigkeit des Rechtsanwalts auch und gerade dem Dritten zu dienen bestimmt" gewesen sei. Diese Formulierung besagt allerdings wenig. Im "Testamentsfall" des Bundesgerichtshofs (2) sollte der Rechtsanwalt die geschuldete Leistung, nämlich alsbald einen Notar zur Testamentserrichtung vorbeizubringen, ausschließlich für den Erblasser erbringen. Gegenstand der von ihm zu erbringenden Leistung war hingegen nicht, dafür zu sorgen, daß die Tochter des Erblassers durch das zu errichtende Testament tatsächlich begünstigt werde. Andernfalls wäre jeder Anwaltsvertrag, der die Errichtung eines Testaments bezweckt, erst recht jedes Mandat gegenüber einem Notar mit der Absicht, ein notarielles Testament zu errichten, ein Vertrag mit Schutzwirkung für Dritte. Wenn Böhmer (3) und Berg (4) argumentieren, Nutznießer der Testamentserrichtung könne nie der Gläubiger sein, da derlei Nutzen eben erst nach seinem Tod eintrete, so kann dem nicht zugestimmt werden. Die Leistung aus dem Anwaltsvertrag ist eben die Testamentserrichtung selbst und nicht die im Testament angeordnete vermögensrechtliche Folge. Dies zeigt sich auch daran, daß die Leistung "Testamentserrichtung" durchaus voll erbracht ist, wenn auch der Erblasser zu einem späteren Zeitpunkt ein anderslautendes Testament errichtet, oder wenn der Erblasser nach Testamentserrichtung sich auf andere Weise seines Vermögens zu Lebzeiten begibt. In beiden zuletzt genannten Fällen gibt es keinen Zweifel daran, daß das nach dem Anwalts- oder Notarvertrag geschuldete abschließend geleistet war. In

----

1) MDR 1986, 1026

2) NJW 1965, 1955

3) MDR 1966, 468

4) MDR 1969, 613 (616)

den von der Rechtsprechung für den Dritten positiv verbeschiedenen Anwaltsfällen (1) hat daher nach der hier vertretenen Auffassung der Dritte nicht die Hauptleistung des Anwaltsvertrages in Anspruch genommen, sondern kam lediglich durch gewünschte, jedoch nicht bewirkte Folgen der Leistung zu Schaden. Es handelte sich um "reine Reflexwirkungen des Verhaltens auf Drittvermögen" (2).

Die Rechtsprechung zu den "Anwaltsfällen" erweist sich also nach der hier vertretenen Meinung als falsch. Wieder einmal wurde die Rechtsprechung durch die verwandtschaftliche Beziehung zwischen Gläubiger und Drittem zur Zuerkennung von Drittschutzberechtigungen verleitet, während vergleichbare - gleichwohl gut denkbare - Fallgestaltungen ohne personenrechtlichen Einschlag noch nie derlei Drittbegünstigungen erfuhren. Es kommt sehr häufig vor, daß der Hauseigentümer das vermietete Haus nach erklärter Kündigung verkauft. Hat der beauftragte Rechtsanwalt die Kündigung schuldhaft z. B. zu spät erklärt, müßte folgerichtig nach der Entscheidung des Landgerichts München I (3) der (fremde) Käufer seinen Schaden zwischenzeitlich anderweitiger Wohnungsanmietung, doppelter Renovierungs- und Umzugskosten usw. von dem Rechtsanwalt erhalten, dem er niemals ein Mandat erteilt hat, falls der Anwalt von dem bevorstehenden Verkauf wußte. Obgleich also solche Fälle in der Praxis sehr häufig sind, ist, soweit bekannt, eine derartige Entscheidung zugunsten des Käufers eines Mietshauses noch nie gefallen. Diese Erkenntnis belegt die Richtigkeit der hier vertretenen, die Rechtsprechung zu den "Anwaltsfällen" ablehnende Meinung. Kaum jemand wird bestreiten, daß den Käufer eines

----

1) Vgl. o. S. 47 ff.

2) Gottwald, Münchener Kommentar, Rdz. 74 zu § 328 BGB; Erman-Westermann, Rdz. 13 zu § 328 BGB

3) NJW 1983, 1621; vgl. o. S. 49

vermieteten Hauses allenfalls eine "Reflexwirkung" aus dem fremden Mandatsverhältnis trifft, die ihn zu eigenen Schadensersatzansprüchen gegenüber dem vom Verkäufer beauftragten Rechtsanwalt nicht berechtigt.

Die Rechtsprechung zu den Anwaltsfällen zeigt also auf, daß der "personenrechtliche Einschlag" nicht nur den Personenkreis begrenzen half, sondern auch in die Irre führte. Skepsis scheint deshalb angezeigt, wo eine ganze Fallgruppe auf ausschließlich verwandtschaftliche Beziehungen gegründet ist, wie bei den erwähnten Anwaltsfällen.

2.2. Lastschrift-Urteil des Bundesgerichtshofs

Als Fehlentscheidung erweist sich auch das mit Recht vielfach kritisierte Lastschrift-Urteil des Bundesgerichtshofs (1). In der Literatur sind die Meinungen geteilt. Während Canaris (2) und Assmann (3) der Entscheidung zustimmen, wird das Urteil überwiegend sowohl im Ergebnis als auch in der Begründung abgelehnt (4). In dogmatischer Hinsicht wurde vor allem ausgesetzt, daß eine "Leistungsberührung" des Dritten, die bislang gegenständlich oder zumindest unmittelbar verstanden worden sei, beim Lastschriftverfahren nicht in Betracht komme.

----

1) BGHZ 69, 82; Sachverhalt vgl. o. S. 51 ff.

2) Festschrift Larenz 1983, S. 98 ff.

3) JuS 1986, 885 (889)

4) Hadding, WM 1978, 1365 (1374); Bauer, WM 1981, 1185 (1195); Hellner, ZHR 145 (1981), 116 (118); Badde, S. 159 ff.

Zur Beantwortung der Frage, ob die Hauptleistung (auch) für den Zahlungsempfänger bestimmt ist, muß zunächst geklärt werden, was als Leistung nach dem Vertragszweck anzusehen ist. Zweck des Lastschriftabkommens der Banken ist es, den Zahlungsverkehr in einem automatisierten Verfahren möglichst schnell, einfach und kostengünstig abzuwickeln. Insbesondere steht aber die Schnelligkeit im Vordergrund, was der Kunde auch weiß und gerade deshalb den Lastschriftverkehr wählt, um sich den Zeitvorteil zunutze zu machen. Damit wird aber das Vertrauen auf die Gewißheit, daß die Einlösung auch klappt, von vornherein geschmälert. Durch die Automatisierung wird ein Arbeitsvorgang in der Regel zwar beschleunigt, aber deshalb nicht unbedingt verläßlicher erledigt. Der Zeitvorteil für den Zahlungsempfänger resultiert hierbei daraus, daß er selbst den Zahlungsvorgang in die Wege leiten kann und nicht darauf angewiesen ist zu warten, bis der Schuldner den Überweisungsvorgang einleitet.

Das Lastschriftverfahren läuft so ab, daß die Gutschrift auf dem Konto des Zahlungsempfängers schon vor Weitergabe der Lastschrift erfolgt, also zu einem Zeitpunkt, in dem über die Erfolgsaussichten der Einziehung noch nichts gesagt werden kann. Damit steht aber für alle Beteiligten fest, daß es nicht Zweck des Lastschriftabkommens sein kann, den Gläubiger vor Folgeschäden aus der Nichteinziehbarkeit der Lastschrift zu bewahren. Wenn der Gläubiger nicht einmal gegen seine eigene Bank Anspruch auf die erfolgreiche Einziehung selbst hat, so dürfte es schwerlich Zweck des Gegenseitigkeitsabkommens der Banken sein, hieraus resultierende Folgeschäden des Gläubigers zu vermeiden. Vielmehr soll die Pflicht zu baldiger Rückgabe nicht eingelöster Lastschriften der Gläubigerbank die Möglichkeit zu zeitiger Rückbelastung geben, damit sie die Deckung des Gläubigerkontos überprüfen kann. Freilich kann nicht geleugnet werden, daß die Vereinbarung zur Rückgabe innerhalb der im Lastschriftabkommen vorgesehenen Frist eine "Reflexwirkung" (1) erzeugt, weil der Zahlungsempfänger die Rückbelastung auf seinem Konto wertend beurteilen und daran Folgemaßnahmen knüpfen kann, wie es im besprochenen Fall geschehen sollte.

Die Hauptleistung "baldiger Rückgabe nicht eingelöster Lastschriften" kommt bestimmungsgemäß nach dem Lastschriftabkommen der Banken der Gläubigerbank, d. h. also der Bank, die vor dem Einzug der Forderung diese bereits auf dem Konto des Gläubigers ins Haben geschrieben hat, zugute. Sie soll davor geschützt werden, ihrem Kunden über längere Zeit hinweg einen "Kredit" auf die einzuziehende Forderung zu gewähren, der bei Nichteinziehbarkeit der Lastschrift notleidend werden könnte. Für den Gläubiger selbst ergibt sich lediglich eine "Reflexwirkung", ähnlich wie bei den besprochenen Anwaltsfällen.

2.3. Dritthaftung der Banken, Wirtschaftsprüfer, Steuerberater und Sachverständigen

Den weitaus größten Anteil der Verträge mit Schutzwirkung für Vermögensschäden Dritter stellen diejenigen Urteile, welche neuerdings von manchen einer sog. "Berufsrollenhaftung" ohne Beschränkung auf eine einheitliche Anspruchsgrundlage zugeordnet werden (2), nach anderen dagegen als "Unterfall der Auskunftshaftung" (3) zu behandeln sind. Eine "Auskunftshaftung" oder "Berufsrollenhaftung" schlechthin kann es aber nicht geben. Eine derartige Einteilung ist nach unserem Bürgerlichen Gesetzbuch nicht vorgesehen.

----

1) Badde, S. 24
2) Vgl. z. B. Lammel, AcP 179, 333; Hopt, Aktuelle Rechtsfragen, S. 16 ff.
3) So Canaris, Festschrift Larenz 1983, S. 98

Die Rechtsprechung hat diese Fälle der Berufsrollenhaftung dem Vertrag mit Schutzwirkung für Dritte zugeordnet. Der Bundesgerichtshof hat zum geschützten Personenkreis ausgeführt, daß für die Annahme eines Auskunftsvertrages zugunsten eines Dritten nicht hinderlich sei, wenn der Dritte "nicht namentlich genannt, sondern nur bestimmbar ist" (1). In dem "Konsul-Fall" (2) hat der Bundesgerichtshof eine drittschützende Wirkung des Auskunftsvertrages bejaht, obgleich bei der Anfrage unklar geblieben war, in wessen Auftrag angefragt werde. Dies wurde verschiedentlich zum Anlaß genommen, von uferloser Ausweitung des geschützten Personenkreises und Risikohäufung für den Schuldner zu sprechen. Das Risiko des Schuldners wird aber nicht - und schon gar nicht nachträglich - erhöht, wie sich am Beispiel der Expertisenerstellung für einen Kunstgegenstand zeigt. Wer eine Expertise anfertigt weiß, daß der Auftraggeber diese anfordert, um sie Dritten vorzulegen, denn ihm selbst würde der Hinweis des Sachverständigen genügen, daß das Bild echt oder falsch ist. Deshalb ist dem Sachverständigen bewußt, daß die Ausstellung der Expertise dazu dient, das Kunstwerk verkehrsfähig zu machen (3). Dieser Vertragszweck wird also dem Gutachter durch die schriftliche Fixierung der Begutachtung deutlich, was sich in der Praxis auch im Honorar niederschlägt. In der Tat haftet der Sachverständige in einem solchen Fall "jedem, den es angeht", denn "gerade die Verkehrsfähigkeit, die darin begründet ist, daß der Inhalt des Gutachtens von der Person des Auftraggebers unabhängig ist, macht im Grunde erst das Wesen des Gutachtens aus" (4). Abstrakt gefährdet können zwar mehrere potentielle Käufer

----

1) BGH, WM 1974, 685

2) BGH, WM 1982, 762

3) So auch von Hoyningen-Huene, NJW 1975, 962 (964)

4) Wellmann, Der Sachverständige in der Praxis, S. 3

des Kunstgegenstandes sein, geschädigt wird aber faktisch immer nur ein Käufer bzw. eine Käufergruppe, eben wer den Gegenstand erwirbt. Bei hintereinander geschalteten Kaufverträgen wird ebenfalls regelmäßig nur immer der letzte Käufer geschädigt, da - weist die Expertise einen zu hohen Wert aus - der Gegenstand von Fall zu Fall zu teuer weiterverkauft wird, so daß im Regelfall nur der letzte Käufer "auf dem Schaden sitzen bleibt", die Durchsetzbarkeit aller Kaufpreisansprüche vorausgesetzt. Die Schäden, die einer Käufergruppe beim Erwerb aufgrund eines falschen Gutachtens entstehen können, sind in der Regel nicht höher als die, die einer Einzelperson in der gleichen Situation erwachsen würden.

Ein Schadenseintritt beim Auftraggeber der Expertise oder des Gutachtens durch eine falsche, zu hohe Bewertung ist grundsätzlich ausgeschlossen, weshalb die Schadensersatzpflicht des Gutachters leerlaufen würde. Andererseits wäre es unrealistisch, vom potentiellen Käufer verlangen zu wollen, sich jeweils selbst durch die Beauftragung eines Gutachters abzusichern, um einen eigenen vertraglichen Anspruch gegen diesen zu erhalten.
Da oft langwierige Untersuchungen und Studien am Objekt selbst notwendig sind, wäre es - wirtschaftlich gesehen - unvorstellbar, daß jeder potentielle Käufer sein eigenes Gutachten in Auftrag gibt. Dies soll dem Interessenten vielmehr dadurch erspart werden, daß ein vom Auftraggeber unabhängiger, als solcher eben durch seine Berufsrolle nach außen hin auftretender Sachverständiger dem Kunstgegenstand ein objektives Werturteil beifügt, dessen Bedeutung gerade darin liegt, daß ihm wegen seiner Unabhängigkeit von der Person des Auftraggebers ebenso vertraut wird, als hätte der Kaufinteressent das Gutachten selbst in Auftrag gegeben. Ohnehin bezahlt der Käufer über den Kaufpreis für den Kunstgegenstand auch das Gutachten. Eine Rollenverteilung findet

also nur in bezug auf die Person des Auftraggebers statt, die aber wiederum nur aufgrund der besonderen Stellung des Sachverständigen in der Öffentlichkeit ermöglicht wird.

Es kommt darauf an, daß die "Bestimmung" des Gutachtens seine Verkehrsfähigkeit ist. Der Dritte verwendet dann bestimmungsgemäß die Hauptleistung selbst und wird durch den Gebrauch des Gutachtens geschädigt. Soweit der Zweck der "Verkehrsfähigkeit" oder jedenfalls der Weitergabe an Dritte den angefragten Berufsgruppen bekannt ist, ist grundsätzlich "demjenigen, den es angeht" zu haften, weil dann der, für den die gutachterliche Auskunft nach dem Vertragsinhalt bestimmt ist, eine dem Gläubiger vergleichbare Stellung einnimmt.

Die Entscheidungen des Bundesgerichtshofs zur Haftung des Wirtschaftsprüfers für die Richtigkeit der als Kreditunterlage dienenden Auskunft über die Bonität eines Bankkunden (1), zur Sorgfaltspflicht des Steuerberaters bei der Erteilung von Testaten (2), zur Haftung des Wirtschaftsprüfers für die Richtigkeit eines Rechtsgutachtens über steuerrechtliche Fragen (3) und zur Haftung eines öffentlich bestellten und vereidigten Sachverständigen für die Richtigkeit einer Grundstücksbewertung (4) erweisen sich an der hier vertretenen Auffassung als richtig, weil die vertraglich geschuldete Leistung tatsächlich, wie aus dem Zweck der Anfrage ersichtlich, für den letztlich Geschädigten bestimmt war. Der Schuldner seinerseits wußte jeweils, worauf er sich einließ.

----

1) BGH, NJW-RR 1986, 1307

2) BGH, LM § 675 BGB Nr. 120

3) BGH, NJW 1983, 1053

4) BGH, WM 1982, 762

Nicht stichhaltig ist der Einwand hiergegen von Grunewald (1), wonach, würde man diese Rechtsprechung noch ausweiten, "etwa auch ein Schadensersatzanspruch gegen einen Mediziner, der in einer Frauenzeitschrift einen falschen Rat erteilt, nicht ausgeschlossen" wäre. Hier wird übersehen, daß der Arzt nach dem Inhalt des mit der Frauenzeitschrift abgeschlossenen Vertrages keine Beratung der Leserinnen schuldet, sondern den Verlag darin unterstützen soll, den Unterhaltungswert der Zeitschrift zu steigern. Stets hat die Rechtsprechung gefordert, daß dem Auskunftgeber nach dem Vertragszweck die Dispositionen typischerweise oder im Einzelfall bekannt sein müssen, die der Anfragende von der Auskunft abhängig machen will (2). Hier braucht aber der Arzt nicht davon auszugehen, es werde jemand aufgrund eines Artikels in der Boulevardpresse einschneidende Maßnahmen treffen.

2.4. "PublikumsKG"-Fall

Der Bundesgerichtshof erkannte der Kommanditgesellschaft einer GmbH & Co KG vertragliche Schadensersatzansprüche gegen den Geschäftsführer der Komplementär-GmbH zu, der Gelder der Anlegerkommanditisten abgezweigt und (zu Unrecht) für sich verwendet hatte (3). Der Grund hierfür liege darin, daß die KG bei einem Bruch des Geschäftsführungsvertrages durch den beklagten Geschäftsführer die typische Geschädigte sei, ihr aber andererseits keinerlei Handhabe ihm gegenüber zur Verfügung stehe. Grunewald (4) lehnt die Entscheidung im

----

1) AcP 187 (1987), 285 (293)

2) Vgl. z. B. BGH, WM 1974, 685; BGH, WM 1982, 762; BGH, NJW 1983, 1053; BGH, NJW-RR 1986, 1307

3) BGHZ 75, 321

4) BB 1981, 581 (582 f.)

Ergebnis ab mit der Begründung, daß die KG "auf einen Anspruch gegen den Geschäftsführer der GmbH nicht angewiesen" sei und man, "auch wenn man der in Strukturen gliedernden Denkweise des BGB folgt, gleichwohl zu einem hinreichenden Schutz der KG" komme.

Zunächst ist zu fragen, ob die KG hier die Hauptleistung "Geschäftsführung" genutzt hat und dabei geschädigt wurde. Dies ist zu bejahen. Allerdings ist die KG nicht "vertraglos", da sie gegenüber der Komplementär-GmbH einen eigenen gesellschaftsvertraglichen Anspruch auf die (ordentliche) Geschäftsführung hat. Da richterliche Rechtsfortbildung hier nur zulässig sein kann, wenn andernfalls das verfassungsrechtlich verankerte Grundprinzip des Gleichbehandlungsgrundsatzes verletzt wäre, kommt eine Einbeziehung der KG in den Schutzbereich des Geschäftsführungsvertrages nicht in Betracht. Es ist nicht ersichtlich, warum die KG nicht anders behandelt werden dürfte als die GmbH. Andernfalls würde GmbH-Recht in seinem Kern (Haftungsbeschränkung auf die Einlage bzw. gesetzliches Mindestkapital) aus den Angeln gehoben. Diese Entscheidung des Bundesgerichtshofs ist daher abzulehnen (1).

2.5. Ergebnis

Es hat sich gezeigt, daß nach der hier vertretenen Auffassung die sog. Anwaltsfälle, das Lastschrifturteil des Bundesgerichtshofs und die "Gemüseblattentscheidung" des Bundesgerichtshofs falsch entschieden worden sind. Die Auskunftshaftungsfälle der Banken, Haftung für Gutachten der Steuerberater, Wirtschaftsprüfer und Sachverständigen hingegen erweisen sich an dieser Auffassung als richtig.

----

1) Kritisch auch Assmann, JuS 1986, 885 (890)

Nachgewiesen wurde auch, daß alle Versuche, an das Verhältnis des Gläubigers zum Dritten anzuknüpfen, gescheitert sind. Die Vertreter der Vertrauenshaftung, die sich von dem drittschützenden Vertrag völlig gelöst haben, müssen zugestehen, daß ihre Lehre nicht weiterführt, da sie noch immer mangels geeigneter Merkmale dasjenige der "Fürsorgepflicht" beibehalten. Mit der hier vorgeschlagenen Lösung wird an den Inhalt des drittschützenden Vertrages angeknüpft, der allein eine Aussage darüber ermöglicht, worin die vertragliche Leistung besteht und was nach dem Vertragsinhalt bezweckt ist. Nur wenn dies dem Schuldner bei Vertragsabschluß bekannt war, darf ihm eine Haftung gegenüber Dritten auferlegt werden, da andernfalls eine nachträgliche und somit unzulässige Risikoerhöhung gegeben wäre.

Gernhuber hat diesen Anknüpfungspunkt schon im Jahre 1958, und zwar sehr überzeugend vorgeschlagen, konnte sich aber bis heute nicht durchsetzen. In der gleichen Richtung haben insbesondere Musielak (1) sowie Gottwald (2) versucht weiterzuarbeiten. Beide fordern eine "dem Gläubiger vergleichbare Stellung". Mit der hier vertretenen Auffassung wird dies weiter konkretisiert:

1. Der Dritte muß bestimmungsgemäß die Hauptleistung so für sich in Anspruch nehmen, wie dies sonst nur der Gläubiger tut.
2. Nur leistungsvermittelte Schädigungen sind ersatzfähig.
3. Der Dritte darf nicht bereits einen vertraglichen Anspruch auf die Hauptleistung besitzen (z. B. Fall der Untermiete).

----

1) Haftung für Rat, Auskunft und Gutachten, S. 16 ff.; ders. VersR 1977, 973 (978); ders. Bankgeheimnis und Bankauskunft, S. 37 f.
2) Münchener Kommentar, § 328, Rdz. 69 ff.

IV. EINWENDUNGEN AUS DEM SCHULDVERHÄLTNIS

Mitverschulden und Haftungsfreizeichnung

1. Problemstellung

Unbestritten ist dem Dritten eigenes Verschulden gemäß § 254 BGB zuzurechnen.

Nicht ganz so einfach läßt sich die Frage beantworten, ob den Dritten auch das Verschulden des Hauptgläubigers trifft und seinen Anspruch schmälert. Als direkte Folge früherer Herleitung des Vertrages mit Schutzwirkung für Dritte aus § 328 BGB diente § 334 BGB der Rechtsprechung dafür, daß der Dritte sich Einwendungen des Schuldners gegenüber dem Gläubiger entgegenhalten lassen mußte. Nachdem man sich von einer dogmatischen Begründung des Vertrags mit Schutzwirkung für Dritte mit § 328 BGB gelöst hatte, wird heute trotzdem noch vielfach an der analogen Anwendung des § 334 BGB festgehalten (1).

Da aber nunmehr geklärt ist, daß der Vertrag mit Schutzwirkung für Dritte seine Berechtigung in richterlicher Rechtsfortbildung findet, er also ein gesetzliches Schuldverhältnis darstellt, muß die analoge Anwendung des § 334 richtigerweise als überholt angesehen werden, da sich mit dem Wandel der dogmatischen Begründung zugleich die Erkenntnis durchzusetzen beginnt, daß § 334 nur Einwendungen in bezug auf das Erfüllungsinteresse, also auf der Leistungsebene, meint (2).

----

1) BGHZ 9, 316 (318); BGHZ 24, 325 (327); BGH, MDR 1956, 534 (535 f.); BGHZ 33, 249; BGH, NJW 1965, 1757; BGH, NJW 1975, 867; Weimar, JR 1981, 140; wohl auch Strauch, JuS 1982, 823 (828)
2) Puhle S. 146; Schütz S. 198; Ostrowicz S. 71; Berg, JuS 1977, 363 (367)

In Ermangelung einer geschriebenen Gesetzesgrundlage speziell zum Vertrag mit Schutzwirkung für Dritte bewerten daher Berg (1) und Emmerich (2) den Einfluß des Gläubigermitverschuldens allein nach den allgemeinen Vorschriften der §§ 254, 278 BGB und kommen zu dem Ergebnis, daß der Dritte sich nur das Verschulden seines Bewahrungsgehilfen anrechnen lassen müsse.

Für die Vertreter der "Vertrauenshaftung" stellt es sich als konsequent dar, jeglichen Einfluß des drittschützenden Vertrages auf den Anspruch des Dritten abzulehnen. Sie können dies mit dem "originären Charakter des Drittschutzes" begründen (3), indem sie auch sonst den Anspruch des Dritten völlig vom Hauptvertrag lösen. Die Vertreter der Vertrauenshaftung lehnen daher grundsätzlich jede Auswirkung von Mitverschulden oder Freizeichnung des Gläubigers auf den Anspruch des Dritten ab.

Einen sogar für Anhänger der Vertrauenshaftung gangbaren Weg, dennoch zur Anrechnung von Haftungsfreizeichnung zu gelangen, bildet die Theorie von Gerhardt (4), der Schuldner könne von vornherein einen "Raum verdünnter Haftung" schaffen, also das Vertrauen selbst von vornherein begrenzen. Hierzu bedürfe es aber - entsprechend der Ableitung des gesetzlichen Schutzverhältnisses aus der rein faktischen gezielten Herbeiführung des Rechtsgüterkontaktes - nicht rechtsgeschäftlicher oder gar vertraglicher Freizeichnungs-

----

1) JuS 1977, 363 (367)

2) Grundlagen, § 3 IV, S. 314

3) Schmidt, Esser-Schmidt, SchR Band 1 AT Teilband 2, S. 217; Weimar, DAR 1972, 64 (67); Haase, JZ 1978, 285; Zschoche, VersR 1978, 1089 (1091)

4) JZ 1970, 535 (537 f.)

maßnahmen, sondern es genüge eine nur tatsächlich geeignete Maßnahme zur Herabsetzung des Vertrauens. Dieser Weg stellt sich zwar als - innerhalb der Systematik der Vertrauenslehre - dogmatisch saubere Lösung dar, birgt jedoch die faktisch unüberwindliche Schwierigkeit in sich, wie diese vertrauensmindernde Maßnahme dem Dritten gegenüber erkennbar gemacht werden soll, nachdem die Leistungsberührung beim Vertrag mit Schutzwirkung für Dritte in der Regel erst im Erfüllungsstadium erfolgt. Wenn vertrauenerweckendes und vertrauenminderndes Verhalten etwa zu gleicher Zeit erfolgen, ist es noch einigermaßen überzeugend, daß der darin liegende Widerspruch insgesamt zur Herabsetzung des angeworbenen Vertrauens führt. Dieses zeitliche Zusammentreffen ist bei den typischen Drittschutzfällen aber eher die Ausnahme als der Regelfall. Bei der Haftung des sachkundigen Auskunftgebers, beispielsweise der Bank, ist das die Vertrauenshaftung begründende Image längst aufgebaut, und es dürfte äußerst zweifelhaft sein, ob hier durch widersprüchliches Verhalten des Sachkundigen eine Bindung überhaupt noch verhindert werden kann (1). Ein solchermaßen widersprüchliches Verhalten dürfte dann wohl auch zu überraschend (2) sein, als daß es eine Haftung grundsätzlich verhindern könnte, da der Adressat der Auskunft sich dann wohl kaum noch von der Ernsthaftigkeit solcher Freizeichnung angesichts gleichzeitiger langfristiger Vertrauensausnutzung überzeugen lassen muß.

Grundsätzlich richtet sich aber berechtigte Kritik schon gegen den Ansatz der Vertrauenshaftung vom originären Charakter des drittschützenden Anspruchs. Das gesetzliche Schuldverhältnis des Vertrags mit Schutzwirkung für Dritte

----

1) So auch Köndgen, S. 183

2) Gedanke des § 3 AGBG

schöpft seinen Inhalt und seine Berechtigung aus der vertraglichen Beziehung, mithin wird es auch in seiner Intensität vom "Hauptvertrag" beeinflußt (1). Wollte man dem Schuldner z. B. den Einwand des § 254 hier versagen, so würde man ihn mit dem Fehlverhalten des Vertragsgläubigers belasten. Damit hätte der Schuldner nicht nur für sein eigenes, sondern auch für das Mitverschulden des Gläubigers einzustehen (2). Was hierbei störend wirkt, ist nicht, daß "der Dritte im Einzelfall besser als die Hauptpartei stünde" (3), sondern, daß der Schuldner nach Vertragsabschluß plötzlich ein größeres Haftungsrisiko aufgebürdet bekäme als er erwarten mußte. Ein solches Ergebnis widerspräche eindeutig der Haftungskonzeption unseres Schuldrechts, soweit nicht der Schuldner nach dem Sinn und Zweck des Vertrages die volle Verantwortlichkeit gegenüber dem Dritten trägt.

2. Differenzierung zwischen den herkömmlichen Fällen und den neueren Fallgruppen

Eine solchermaßen gebotene Differenzierung deutet Fikentscher (4) an, wenn er meint, daß in manchen Fällen die Schutzpflicht gegenüber dem Dritten wesentlich stärker sein könne als gegenüber dem Vertragspartner. Welche Fälle damit gemeint sein könnten, wird klar anhand der Aussage von Musielak: In den Fällen der Auskunftshaftung, in denen auch die Tatsachenermittlung zu den Aufgaben des Auskunftsgebers gehört, schließe die besondere Vertrauensstellung, die der

----

1) Münchener Kommentar-Gottwald, § 328, Rdz. 78
2) Schütz, S. 199
3) Wie es noch in der Vorauflage zum Münchener Kommentar, § 328, Rdz. 78, Gottwald begründet
4) SchR § 37 VII 4 und § 55 VII 2 a

Gläubiger innehat, die Berufung auf das den Schaden mitverursachende Verhalten des Auftraggebers aus (1). Anders ausgedrückt bedeutet das, daß man "von dem, der mit einer berufs- oder gewerbsmäßig erbrachten Leistung in Berührung kommt, keine besondere Aufmerksamkeit verlangen kann. Im Gegenteil: Gerade weil der Leistende als Berufs- oder Gewerbetreibender besonders sachkundig ist (und dafür bezahlt wird), dürfen sich die übrigen Beteiligten auf ihn verlassen und sich eigener Sorge ledig fühlen", wie Medicus (2) es ausdrückt.

In den Fällen der Auskunftshaftung kommt die besondere Schwierigkeit hinzu, daß hier zumeist "gegenläufige Interessen" bestehen, die den Bundesgerichtshof (3) im sog. Wirtschaftsprüferfall schon einmal veranlaßt haben, bereits das Entstehen drittschützender Pflichten abzulehnen. Wäre nicht schon im Entstehungsstadium die Haftung zu Unrecht abgelehnt worden, so würde sich dasselbe (falsche) Ergebnis einstellen, wenn sich der Dritte ein eventuell mitwirkendes Verschulden des Gläubigers anrechnen lassen müßte. Es ergäbe sich dann die sonderbare Situation, daß der Dritte mit dem Fehlverhalten desjenigen belastet würde, der "im anderen Lager" steht. Dabei ist aber die Einschaltung des als unabhängig geltenden Sachkundigen gerade zu dem Zweck erfolgt, den aus der fehlenden Objektivität des Gläubigers - z. B. Kreditsuchenden - resultierenden Unsicherheitsfaktor auszuschalten, denn sonst könnte man ja - einmal abgesehen von der besonderen beruflichen Sachkunde - den Gläubiger gleich selbst befragen.

----

1) Haftung für Rat, Auskunft und Gutachten, S. 41; a. A. Schütz, S. 200, der jedoch die einschlägigen Fälle gar nicht berücksichtigt

2) NJW 1962, 2081 (2085)

3) NJW 1973, 321

Freilich wird hier noch weitgehend Neuland betreten. Hat sich die Rechtsprechung endlich dazu durchgerungen, "gegenläufige Interessen" - da im Gegensatz zum Fürsorgeverhältnis stehend - nicht mehr als der Annahme von Drittschutzwirkungen hinderlich anzusehen, so darf sie jetzt nicht einfach die aus der Anwendung des Fürsorgeverhältnisses gewonnenen Erkenntnisse, die Einwendungen betreffen, vorbehaltlos auf sämtliche neu gewonnenen Drittschutzfälle anwenden. Solange man von einem Fürsorgeverhältnis oder wenigstens einer Obhutspflicht zwischen Gläubiger und Drittem ausging, die Gläubiger also in demselben "Lager" zu stehen schienen, drängte es sich geradezu auf, dem Dritten nicht nur den Schutz des Gläubigers, sondern auch dessen Vernachlässigung angedeihen zu lassen. Müßte der Vermieter z. B. außer für die eröffnete Gefahrenquelle beim vermieteten Haus, in der sich das Kind des Mieters verletzt, auch noch dafür haften, daß der Mieter seine Aufsichtspflicht verletzt hat, so stünde er schlechter als wenn der Mieter sich selbst verletzt hätte, weil er diesem dann mangelnde eigene Sorgfalt als Mitverschulden entgegenhalten könnte. Der Vermieter darf nach dem Mietvertrag davon ausgehen, daß der Mieter seiner elterlichen Aufsichtspflicht nachkommt; das Kind kann vom Vermieter keine besonderen, über die allgemeinen bei der Miete üblichen Vorkehrungen hinausgehenden Vorsichtsmaßnahmen erwarten. Eine im Verhältnis zu dem Mieter selbst verschärfte Haftung gegenüber weiteren Geschützten würde das Risiko des Vermieters über die allgemeine Erwartung hinaus erhöhen.

Anders stellt sich die Sachlage in den Fällen der Haftung für falsche Auskunfts- oder Gutachtenserteilung dar. Der Auskunftsvertrag hat den Zweck, demjenigen, für den die Auskunft bestimmt ist, eine eigene Anfrage beim Auskunftgeber zu ersparen. Die typische Gefahrenquelle, die zur Frage des Gläubigermitverschuldens führen kann, liegt im Bereich der Auskunftshaftung aus Vertrag mit Schutzwirkung für Dritte in der Tatsachenermittlung; denn nur insoweit ist dem Sachkundigen faktisch eine Aufgabendelegierung möglich. Eine andere - und zugleich die hier interessierende - Frage ist, ob die Ermittlung der zur Beurteilung maßgeblichen Fakten rechtlich dem Gläubiger oder aber allein dem Sachkundigen obliegt. Dies ergibt sich mangels ausdrücklicher Abmachung aus dem Vertragszweck. So wäre z. B. ein Gutachten über die Kreditwürdigkeit eines Bankkunden, das dieser zum Zweck der Vorlage bei potentiellen Kreditgebern in Auftrag gibt, völlig wertlos, würde der Steuerberater nicht schon durch seine Stellung Einblick in die Vermögensverhältnisse seines Mandanten genießen, sondern müßte sich die Kenntnis hierüber erst durch Anfrage bei diesem verschaffen, denn insoweit gibt die - relativ - neutrale Stellung der Aussage erst den besonderen Wert bei, der darin besteht, daß ihr eine hohe Glaubwürdigkeit beigemessen wird. Der Wert der Auskunft rührt zwar auch, aber doch weniger aus der fachlichen Beurteilung der zugrundeliegenden Fakten her als aus deren Ermittlung.

Ebenso verhält es sich bei der Vermögensaufstellung durch den Wirtschaftsprüfer, von dem aufgrund seiner besonderen Kenntnisse in Buchführungs- und Bilanzierungsfragen in der Regel nicht nur eine Auswertung der in den Büchern des zu Prüfenden festgehaltenen Ergebnisse, sondern auch die Kontrolle der Richtigkeit der Buchführung selbst erwartet wird, weil der Wert der Auskunft durch einen Angehörigen der buchsachverständigen Berufe darin liegt, daß eventuelle Manipulationen seitens des Betriebsinhabers aufgedeckt werden sollen, da gerade in dieser nicht eben jedermann erkennbaren Möglichkeit der Verschleierung der tatsächlichen Vermögensverhältnisse die größte, da am wenigsten durchschaubare Gefahrenquelle für den potentiellen Kreditgeber liegt.

3. Ergebnis

Es zeigt sich, daß "gleichläufige" Interessen (also die herkömmlichen Fälle, die in der Regel nach dem Merkmal des "Fürsorgeverhältnisses" entschieden wurden) und "gegenläufige" Interessen verschiedene Beurteilungen erfordern. Um bei dem hier im Vordergrund stehenden Abgrenzungsmaßstab zu bleiben: Dort, wo ohne Berücksichtigung von Mitverschulden das Schuldnerrisiko vergrößert würde, darf dem Schuldner eine Einwendung gegen den Dritten nicht abgeschnitten werden, die grundsätzlich gegen den Gläubiger besteht. Das wäre bei den herkömmlichen Sachverhalten, z. B. der Miete - wie aufgezeigt - der Fall.

Bei der ganz anderen Fallgruppe reiner Vermögensschäden, die sich abhebt durch "gegenläufige" Interessen von Gläubiger und Drittem, also den Auskunfts-, Expertisen- und Gutachtenfällen zeigt sich, daß die soziologische Rollenverteilung bei strenger Anwendung unserer bürgerlich-rechtlichen Kodifikation Haftungslücken einerseits schafft und den Vertretern der sachverständigen Berufe andererseits ein Handeln gänzlich ohne Haftungsrisiko ermöglichen würde.

Könnte der Wirtschaftsprüfer gegenüber dem Kreditgeber, der durch eine zu positiv dargestellte Kreditwürdigkeit geschädigt ist, einwenden, der Kreditnehmer habe die falsche Auskunft selbst zu vertreten weil dieser die Buchführung manipuliert habe und er, der Wirtschaftsprüfer, deshalb von falschen Voraussetzungen ausgegangen sei, was sich nun auch der Kreditgeber entgegenhalten lassen müsse, so würde gerade die Haftung für die übernommenen Pflichten leerlaufen. Dies hätte zur Folge, daß in kürzester Zeit derlei Expertisen, Auskünfte usw. wertlos würden und ein faktisch gangbarer Weg der Veinfachung (durch Erstellung eines einzigen Gutachtens, das beliebig oft weitergereicht werden kann) entfiele.

Tatsächlich aber ist die beschriebene Art der Gutachtenerstellung und -verwendung Teil unseres Wirtschaftslebens geworden und daraus nicht mehr wegzudenken. Die Rechtsprechung kann geschaffene Fakten nicht ignorieren.

Gleichzeitig ist ersichtlich, daß eine Erhöhung des Schuldnerrisikos dort nicht gegeben ist, wo von vorneherein - nach dem Vertragszweck - klar ist, daß derjenige, welcher sich ganz bewußt der Unabhängigkeit und daraus resultierender Objektivität seiner Aussage berühmt, für ihre Richtigkeit in jedem Falle einzustehen hat. Eine Freizeichnung im Innenverhältnis "zu Lasten Dritter" wäre eine versteckte "Entwertung" des Gutachtens und dessen Vorlage ohne Hinweis auf die Freizeichnung eine Täuschung Dritter. Maßgeblich ist in diesen Fällen nicht die Haftung gegenüber wem, sondern wofür. Wo der Auskunftszweck erkennbar eine Verwendung gegenüber Dritten ergibt, ist das Risiko des Auskunftgebenden von vornherein klar, so daß eine "echte" Risikoerhöhung nicht zu befürchten ist.

Im Ergebnis ist damit festzustellen, daß bezüglich Einwendungen die Fälle gleichlaufender Interessen und diejenigen gegenläufiger Natur verschieden zu behandeln sind.

V. SCHLUSSBEMERKUNG

Nach mehr als 25 Jahren seit dem erkennbaren "Umbruch" beim Vertrag mit Schutzwirkung für Dritte beginnt sich nun allmählich eine Linie abzuzeichnen. Im Ergebnis gestaltet die Rechtsprechung sich - wie dargelegt - "zweigleisig", d. h. in den Fällen des Ersatzes sog. absoluter Rechtsgüter wird weiterhin eine Haftung mit dem "Fürsorgeverhältnis" begründet, und nur dort, wo dieses absolut ungeeignet erscheint, also in den Fällen, in denen es um den Ersatz reiner Vermögensschäden geht, wird mit dem Hinweis auf den "Vertragszweck" die Haftung einsichtig gemacht. Dies ist ein Schritt in die richtige Richtung. Allerdings konnte es infolge fehlender Konkretisierung im hier vorgeschlagenen Sinn, daß nämlich der Dritte eine dem Gläubiger vergleichbare Stellung einnehmen muß, nicht ausbleiben, daß - aus dogmatischer Sicht - Fehlurteile gesprochen wurden (1).

Die Unsicherheit, die uns diese Fehlurteile bescherte, wäre beseitigt, wenn man sich - wie hier dargelegt - darauf besinnen würde, dem Schuldnerrisiko ausreichend Rechnung zu tragen und sich demgemäß darauf beschränken würde, den Dritten in den Genuß vertraglicher Haftung nur dort kommen zu lassen, wo er eigentlicher Nutznießer der Hauptleistung allein oder auch neben dem Gläubiger ist.

----

1) Vgl. z. B. den "Gemüseblattfall" des BGH, JZ 1976, 456

Literaturverzeichnis

Alternativkommentar zum Bürgerlichen Gesetzbuch, Band 2 (§§ 241 - 432), bearbeitet von Roland Dubischar, Neuwied 1980

Assmann Heinz-Dieter: Grundfälle zum Vertrag mit Schutzwirkung für Dritte, JuS 1986, 885

Badde Christian: Vertrag mit Schutzwirkung für Dritte im Lastschriftabkommen der Banken? Diss. Münster 1979

Ballerstedt Kurt: Zur Haftung für culpa in contrahendo bei Geschäftsabschluß durch Stellvertreter, AcP 151 (1950/51), 501

von Bar Christian: Anmerkung zu BGH JZ 1979, 725 (Dienstleistungszeugnis-Fall), JZ 1979, 728

--- ders.: Verkehrspflichten: Richterliche Gefahrsteuerungsgebote im deutschen Deliktsrecht, Köln 1980

--- ders.: Vertragliche Schadensersatzpflichten ohne Vertrag? JuS 1982, 637

Bauer Heinrich: Der Widerspruch des Zahlungspflichtigen im Lastschriftverfahren, WM 1981, 1186

Berg Hans: Verträge mit Drittschutzwirkung und Drittschadensliquidation, JuS 1977, 363

--- ders.: Drittschadensliquidation und Vertrag mit Schutzwirkung für Dritte, MDR 1969, 613

--- ders.: Zur Abgrenzung von vertraglicher Drittschutzwirkung und Drittschadensliquidation, NJW 1978, 2018

Blaurock Uwe: Haftungsfreizeichnung zugunsten Dritter, ZHR 146 (1982), 238

Blomeyer Arwed: Allgemeines Schuldrecht, 4. Auflage 1969

Böhmer Emil: Die Hereinnahme Dritter in den "Schutzbereich" eines Vertrages - eine Fehlkonstruktion! MDR 1962, 345

--- ders.: Verträge zum Nachteil Dritter? JR 1965, 219

--- ders.: Bedenkliche Konstruktion einer Vertragshaftung, JR 1966, 173

--- ders: Schutzwirkung eines Vertrages zwischen Rechtsanwalt und Erblasser zugunsten der benachteiligten Erbin? MDR 1966, 468

Brox Hans: Allgemeines Schuldrecht, 11. Auflage 1983

Brüggemeier Gert: Gesellschaftliche Schadensverteilung und Deliktsrecht, AcP 182 (1982), 385

Bydlinski Franz: Vertragliche Sorgfaltspflichten zugunsten Dritter, JBl 1960, 359

von Caemmerer Ernst: Verträge zugunsten Dritter, Festschrift für Franz Wieacker zum 70. Geburtstag, 1978, S. 311 ff.

--- ders.: Gesammelte Schriften, Tübingen 1968 - 1983, Bd. III 1983, S. 137 ff.

Canaris Claus-Wilhelm: Ansprüche wegen "positiver Vertragsverletzung" und "Schutzwirkung für Dritte" bei nichtigen Verträgen, JZ 1965, 475

--- ders.: Haftung Dritter aus positiver Forderungsverletzung, VersR 1965, 114

--- ders.: Bankvertragsrecht, 2. Auflage, Berlin 1981, Sonderausgabe von: HGB Großkommentar, 3. Auflage, Bd. 3, T. 3

--- ders.: Die Vertrauenshaftung im deutschen Privatrecht, München 1971

--- ders.: Schutzgesetze - Verkehrspflichten - Schutzpflichten, 2. Festschrift für Karl Larenz zum 80. Geburtstag, München 1983, S. 27 - 101

Dahm Henning: Die dogmatischen Grundlagen und tatbestandlichen Voraussetzungen des Vertrages mit Schutzwirkung für Dritte: unter besonderer Berücksichtigung des vorvertraglichen Bereichs, Diss. Münster 1988

Diederichsen Uwe: Die Flucht des Gesetzgebers aus der politischen Verantwortung im Zivilrecht, Karlsruhe 1974

Dirichs Jochen: Die Haftung für die Erteilung einer falschen Kreditauskunft bei Mitwirkung zweier Banken, WM 1976, 1078

Dölle Hans: Außergesetzliche Schutzpflichten, ZStW 103 (1943), 67

Ebke Werner: Wirtschaftsprüfer und Dritthaftung, Bielefeld 1983

Emmerich Volker, u. a.: Grundlagen des Vertrags- und Schuldrechts, Reihe Zivilrecht, Band 1, München 1974 (zit.: Grundlagen)

--- ders.: Anm. zu BGH, Urt. v. 28.01.1976, JuS 1976, 465

Erman, Handkommentar zum Bürgerlichen Gesetzbuch, 1. Band, bearbeitet von Harm-Peter Westermann, 8. Auflage, Münster 1989

Esser Josef: Richterrecht, Gerichtsgebrauch und Gewohnheitsrecht, Festschrift für Fritz von Hippel, Tübingen 1967

--- ders.: Grundsatz und Norm in der richterlichen Fortbildung des Privatrechts: Rechtsvergleichende Beiträge zur Rechtsquellen- und Interpretationslehre, 3. Aufl., Tübingen 1974

Evans von Krbek Franziska-Sophie: Die "Kohabitation" als Gegegenstand eines Vertrages mit Schutzwirkung zugunsten Dritter, VersR 1978, 906

--- dies.: Nichterfüllungsregeln auch bei weiteren Verhaltens- oder Sorgfaltspflichtverletzungen? AcP 179 (1979), 85

Faber Wolfram: Haftung des Wirtschaftsprüfers gegenüber dem Kreditgeber bei unrichtiger Vermögensaufstellung? BB 1957, 494

Fikentscher Wolfgang: Methoden des Rechts in vergleichender Darstellung, Tübingen 1975 - 1977

--- ders.: Schuldrecht, 7. Aufl. 1985

Fischer Robert: Die Weiterbildung des Rechts durch die Rechtsprechung, Karlsruhe 1971

Fischer Willi: Dritthaftung für falsche freiwillige Auskünfte, ZVglRWiss 83 (1984), S. 1 - 31

Flume Werner: Allgemeiner Teil des Bürgerlichen Rechts, II Das Rechtsgeschäft, 3. Aufl. 1979

Frost Marina: "Vorvertragliche" und "vertragliche" Schutzpflichten, Berlin 1981

Gansweid W.: Kommentar und Kritik zu BGH, Urteil vom 12.07.1977 ("Stromkabelfall"), JA 1978, 69 f.

--- ders.: BGB-Schuldrecht: Einbeziehung des Untermieters in den Schutzbereich des Hauptmietvertrages, JA 1978, 329

Gerhardt Walter: Die Haftungsfreizeichnung innerhalb des gesetzlichen Schuldverhältnisses, JZ 1970, 535

--- ders.: Der Haftungsmaßstab im gesetzlichen Schuldverhältnis (positive Vertragsverletzung, culpa in contrahendo), JuS 1970, 597

Gernhuber Joachim: Drittwirkungen im Schuldverhältnis kraft Leistungsnähe, Zur Lehre von den Verträgen mit Schutzwirkung für Dritte, Festschrift für Arthur Nikisch 1958, S. 249 - 274

Großkommentar zum Handelsgesetzbuch, 3. Auflage, Berlin/New York 1978, III. Bd., 2. Halbband, bearbeitet von Claus-Wilhelm Canaris

Grunewald Barbara: Haftung für fehlerhafte Geschäftsführung in der GmbH & Co. KG, BB 1981, 581

--- dies.: Zur Haftung von Fachleuten im Zivilrechtsverkehr, JZ 1982, 627

--- dies.: Die Haftung des Experten für seine Expertise gegenüber Dritten, AcP 187 (1987), 285

Gutachten und Vorschläge zur Überarbeitung des Schuldrechts, herausgegeben vom Bundesminister der Justiz, Band I - II, Köln 1981; Band III, Köln 1983

Haase R.: Anmerkung zu BGH, Urteil vom 15.02.1979 (JR 1978, 284), JR 1978, 285

Hadding Walther: Das Lastschriftverfahren in der Rechtsprechung, WM 1978, 1366

Hellgardt Klaus: Anmerkung zu BGH, Urt. vom 22.01.1968, ZMR 1968, 252

Hellner Thorwald: Rechtsprobleme des Zahlungsverkehrs unter Berücksichtigung der höchstrichterlichen Rechtsprechung, ZHR 145 (1981), 109

Herschel Wilhelm: Zur Abgrenzung des Richterrechts, Arbeit und Recht 1983, 353

Hodes Fritz: Anmerkung zu OLG Düsseldorf, NJW 1965, 539

Hohloch Gerhard: "Vertrauenshaftung" - Beginn einer Konkretisierung? NJW 1979, 2369

Honsell Heinrich: Probleme der Haftung für Auskunft und Gutachten, JuS 1976, 621

Hopt Klaus J.: Aktuelle Rechtsfragen der Haftung für Anlage- und Vermögensberatung einschließlich Prospekthaftung, Köln 1985

--- ders.: Berufshaftung und Berufsrecht der Börsendienste, Anlageberater und Vermögensverwalter, Festschrift Robert Fischer 1979, 237

--- ders.: Nichtvertragliche Haftung außerhalb von Schadens- und Bereicherungsausgleich, AcP 183 (1983), 608

von Hoyningen-Huene Gerrick: Zur Haftung des Versteigerers und Sachverständigen, NJW 1975, 962

Huber Konrad: Verkehrspflichten zum Schutz fremden Vermögens, Festschrift für Ernst von Caemmerer, Tübingen 1978, S. 359

Huber Ulrich: Zur Haftung des Verkäufers wegen positiver Vertragsverletzung, AcP 177 (1977), 281

--- ders.: Gutachten und Vorschläge zur Überarbeitung des Schuldrechts, herausgg. vom Bundesminister der Justiz, 1981 (3 Bände) hier Bd. I, zit.: "Gutachten"

Humborg Franz-Egon: Der geschützte Personenkreis beim Vertrag mit Schutzwirkung für Dritte, VersR 1965, 940

Kegel Gerhard: Die lachenden Doppelerben: Erbfolge beim Versagen von Urkundspersonen, Festschrift für Werner Flume zum 70. Geburtstag, Band I 1978, S. 545 ff.

Keitel Hans-Joachim: Rechtsgrundlage und systematische Stellung des Vertrages mit Schutzwirkung für Dritte, Dissertation Bielefeld 1987

Köndgen Johannes: Selbstbindung ohne Vertrag: Zur Haftungaus geschäftsbezogenem Handeln, Tübingen 1981, zugl. Habilitationsschrift Tübingen 1979/80

Krause Engelbert: Untermieter und Mieter im Schutzbereich eines Vertrages, JZ 1982, 16

Kreuzer Karl: Anmerkung zu BGH, JZ 1976, 776 ("Gemüseblattfall"), JZ 1976, 778

Kümmeth Klaus-Wilhelm: Die dogmatische Begründung des Rechtsinstituts des Vertrages mit Schutzwirkung zugunsten Dritter, Diss. Würzburg 1977

Lammel Siegbert: Zur Auskunftshaftung, AcP 179 (1979), 337

Larenz Karl: Culpa in contrahendo, Verkehrssicherungspflicht und "sozialer Kontakt", MDR 1954, 515

--- ders.: Anmerkung zu BGH NJW 1956, 1193

--- ders.: Zur Schutzwirkung eines Schuldvertrages gegenüber dritten Personen, NJW 1960, 77

--- ders.: Geschäftsgrundlage und Vertragserfüllung: Die Bedeutung veränderter Umstände im Zivilrecht, 3. Aufl. München 1963

--- ders.: Bemerkungen zur Haftung für "culpa in contrahendo", Festschrift für Kurt Ballerstedt, 1975, S. 397

--- ders.: Lehrbuch des Schuldrechts, 13. Aufl. 1982, Bd. I AT

--- ders.: Methodenlehre der Rechtswissenschaft, Berlin 1983

Loewenheim Ulrich: Schadenshaftung unter Arbeitgebern wegen unrichtiger Arbeitszeugnisse - Zur Abgrenzung von vertraglicher und deliktischer Verantwortlichkeit - Zugleich Bemerkungen zu BGH JZ 1979, 725 -, JZ 1980, 469

Lorenz Werner: Anmerkung zu BGH JZ 1961, 169, JZ 1961, 170

--- ders.: Anmerkungen zu BGH JZ 1966, 141 (Testamentsfall), JZ 1966, S. 143

--- ders.: Das Problem der Haftung für primäre Vermögensschäden bei der Erteilung einer unrichtigen Auskunft, Festschrift für Karl Larenz zum 70. Geburtstag, München 1973, S. 575

--- ders.: Rezension zu "Hans-Joachim Musielak, Haftung für Rat, Auskunft und Gutachten", ZHR 1975, 567

Lüke Gerhard: Haftung der einlösenden Bank im Lastschriftverfahren - OLG Düsseldorf, NJW 1977, 1403, JuS 1978, 304

Medicus Dieter: Zur Verantwortlichkeit des Geschädigten für seine Hilfsperson,
Das Zusammentreffen von Sonderverbindung und Delikt, NJW 1962, 2081

--- ders.: Bürgerliches Recht, 12. Aufl., Köln/Berlin/Bonn/München 1984

Mertens Hans-Joachim: Deliktsrecht und Sonderprivatrecht - Zur Rechtsfortbildung des deliktischen Schutzes von Vermögensinteressen, AcP 178 (1978), 227

--- ders.: Verkehrspflichten und Deliktsrecht - Gedanken zu einer Dogmatik der Verkehrspflichtverletzung -, VersR 1980, 39

Müller Ulrich: Die Haftung des Stellvertreters bei culpa in contrahendo und positiver Forderungsverletzung, NJW 1969, 2169

Müller-Graff Peter-Christian: Die Geschäftsverbindung als Schutzpflichtverhältnis, JZ 1976, 153

Münchener Kommentar zum Bürgerlichen Gesetzbuch, Band 2: Schuldrecht - Allgemeiner Teil, 2. Auflage, München 1985

Musielak Hans-Joachim: Haftung für Rat, Auskunft und Gutachten, Bonn 1974

--- ders.: Die Haftung der Banken für falsche Kreditauskünfte - Zugleich ein Beitrag zur Lehre von den vertraglichen Schutzwirkungen für Dritte - VersR 1977, 973

--- ders.: Bankgeheimnis und Bankauskunft in der Bundesrepublik Deutschland und in ausländischen Rechtsordnungen, Band 49, Berlin 1986

Neflin Hermann: Die Haftung des Wirtschaftsprüfers wegen "sittenwidriger vorsätzlicher Schädigung", BB 1957, 496

Nirk Rudolf: Vertrauenshaftung Dritter bei Vertragsdurchführung? Bemerkungen zu BGHZ 70, 337, Festschrift für Fritz Hauß, Karlsruhe 1978, S. 267

Oertmann Paul: Schädigungen Dritter aus Vertragsverletzungen, LZ 1931, 201

Ostrowicz Alexander: Vertragshaftung und Drittschutz: Die Abhängigkeit des Drittanspruchs von der Rechtsposition des Vertragsgläubigers beim "Vertrag mit Schutzwirkung für Dritte", Frankfurt am Main 1980

Palandt, Bürgerliches Gesetzbuch, 50. Auflage, München 1991

Philippi Hans-Jürgen: Haftung der einlösenden Bank im Lastschriftverfahren - OLG Düsseldorf, NJW 1977, 1403, in JuS 1978, 304

Picker Eduard: Positive Forderungsverletzung und culpa in contrahendo - Zur Problematik der Haftungen "zwischen" Vertrag und Delikt, AcP 183 (1983), 369

--- ders.: Vertragliche und deliktische Schadenshaftung - Überlegungen zu einer Neustrukturierung der Haftungssysteme - JZ 1987, 1041

Puhle Winfried: Vertrag mit Schutzwirkung zugunsten Dritter und Drittschadensliquidation, Frankfurt 1982

Reichsgerichtsrätekommentar zum Bürgerlichen Gesetzbuch (zit.: RGRK), Band 2, Teil 1 (§§ 241 - 413), 12. Auflage, Berlin-New York 1976

Ries Gerhard: Grundprobleme der Drittschadensliquidation und des Vertrages mit Schutzwirkung für Dritte, JA 1982, 453

Schack Heimo: Der Schutzzweck als Mittel der Haftungsbegrenzung im Vertragsrecht, JZ 1986, 305

Schmalzbauer Wolfgang: Die Drittwirkung verpflichtender Verträge, Diss. Regensburg 1982

Schmidt Eike: Schuldrecht Band I, Allgemeiner Teil, Teilband 2, 5. Aufl., Karlsruhe 1976

--- ders.: Esser/Schmidt, Schuldrecht Bd. I. Allgemeiner Teil - Ein Lehrbuch - 6. Aufl. 1984

Schmidt Jürgen: Literaturbesprechung zu "Josef Esser - Eike Schmidt: Schuldrecht, Bd. I, Allgemeiner Teil, Teilband 2", AcP 178 (1978), S. 98

Schütz Wilhelm: Schadensersatzansprüche aus Verträgen mit Schutzwirkung für Dritte, Diss. Würzburg 1974

Schulze Reiner: Grundprobleme der Dritthaftung bei Verletzung von Auskunfts- und Beratungspflichten in der neueren Rechtsprechung, JuS 1983, 81

Schwerdtner Peter: Verträge mit Schutzwirkung für Dritte, Jura 1980, 493

Simitis Spiros: Verhandlungen des 47. Deutschen Juristentages, Band II (Sitzungsberichte) München 1969, M 122

Soergel, Bürgerliches Gesetzbuch, 12. Auflage, Stuttgart-Berlin 1990

Sonnenschein Jürgen: Der Vertrag mit Schutzwirkung für Dritte - und immer neue Fragen, JA 1979, 225

Stahl Michael: Zur Dritthaftung von Rechtsanwälten, Steuerberatern, Wirtschaftsprüfern und öffentlich bestellten und vereidigten Sachverständigen, Frankfurt am Main 1989; zugl. Dissertation Tübingen 1989

Staudinger, Kommentar zum Bürgerlichen Gesetzbuch, 2. Buch, 12. Auflage, Berlin 1983

Steffen Erich: Verkehrspflichten im Spannungsfeld von Bestandsschutz und Handlungsfreiheit, VersR 1980, 409

Stein Erwin: Die verfassungsrechtlichen Grenzen der Rechtsfortbildung durch die Rechtsprechung, NJW 1964, 1745

Steinmeyer Heinz-Dietrich: Der Vertrag mit Schutzwirkung für Dritte und die Produzentenhaftung, DB 1988, 1049

Stoll Hans: Haftungsverlagerung durch beweisrechtliche Mittel, AcP 176 (1976), 145

--- ders.: Vertrauensschutz bei einseitigen Leistungsversprechen, Festschrift für Werner Flume I, Köln 1978

Stoll Heinrich: Abschied von der Lehre von den positiven Vertragsverletzungen, AcP 136 (1932), 257

--- ders.: Die Lehre von den Leistungsstörungen, Tübingen 1936

Strätz H.-W.: Anmerkung zu BGH, Urteil vom 28.01.1976 (= "Gemüseblattfall"), JR 1976, 458

Strauch Dieter: Verträge mit Drittschutzwirkung, JuS 1982, 823

--- ders.: Zum Vertrag mit Schutzwirkung für Dritte - LG Frankfurt, Entscheidungsrezension, JuS 1987, 947

Stuckart W.: Drittersatzansprüche - Zur Lehre von den Verträgen mit Schutzwirkung für Dritte - Diss. Mainz 1964

Taupitz Jochen: Haftung für Energieleitstörungen durch Dritte, Berlin 1981, zugl. Diss. Göttingen 1980

Thiele Wolfgang: Leistungsstörungen und Schutzpflichtverletzungen, JZ 1967, 649

Urban Werner: "Vertrag" mit Schutzwirkung zugunsten Dritter und Drittschadensliquidation, Bergisch-Gladbach-Köln 1990

Weimar Wilhelm: Welche Personen umfaßt ein Raummietvertrag mit Schutzwirkung für Dritte, ZMR 1970, 225

--- ders.: Der Beförderungsvertrag mit Schutzwirkung für Dritte, DAR 1972, 64

--- ders.: Das mitwirkende Verschulden beim Vertrag mit Schutzwirkung für Dritte, JR 1981, 140

Wellmann Carl R.: Der Sachverständige in der Praxis, 5. Aufl. 1988

Westermann H. P.: Erman-Westermann, Handkommentar zum BGB, 1. Band, 7. Auflage 1981

Wieacker Franz: Gesetz und Richterkunst: Zum Problem der außergesetzlichen Rechtsordnung, Karlsruhe 1958

Winterfeld Rosemarie: Drittschadensliquidation und Vertrag mit Schutzwirkung zugunsten Dritter: Versuch einer Abgrenzung, Dissertation Bonn 1983

Wolf Ernst: Lehrbuch des Schuldrechts, II. Bd.: Besonderer Teil, Köln/Berlin/Bonn/München 1978

Ziegler Hans Berndt: Personale Abgrenzungskriterien beim Vertrag mit Schutzwirkung zugunsten Dritter, JuS 1979, 328

Zippelius Reinhold: Einführung in die juristische Methodenlehre, München, 3. Aufl. 1980

Zschoche Detlef: Zur Haftung Dritter aus positiver Forderungsverletzung - Zugleich Anm. zum Urteil des BGH vom 19.12.1977 (II ZR 164/76) -, VersR 1978, 1089

Zunft Fritz: Erfüllungsgehilfen und Vertrag zugunsten Dritter im Mietrecht, AcP 153 (1954), 373

Printed by
CPI books GmbH, Leck

Kolibri 360 GmbH
Ferdinand-Jühlke-Straße 7
99095 Erfurt, Deutschland
produktsicherheit@kolibri360.de